孩子的情商
这样提升最有效

柴一兵◎编著

北京工业大学出版社

图书在版编目（CIP）数据

孩子的情商这样提升最有效 / 柴一兵编著. —北京：北京工业大学出版社，2015.6（2021.9 重印）

ISBN 978-7-5639-4374-6

Ⅰ.①孩… Ⅱ.①柴… Ⅲ.①情商 – 儿童教育 – 家庭教育 Ⅳ.①G78

中国版本图书馆 CIP 数据核字 (2015) 第 131751 号

孩子的情商这样提升最有效

编　　著	柴一兵
责任编辑	李周辉
封面设计	尚世视觉
出版发行	北京工业大学出版社
	（北京市朝阳区平乐园 100 号　邮编：100124）
	010-67391722（传真）　bgdcbs@sina.com
经销单位	全国各地新华书店
承印单位	唐山市铭诚印刷有限公司
开　　本	787 毫米 × 1092 毫米　1/16
印　　张	14
字　　数	185 千字
版　　次	2015 年 6 月第 1 版
印　　次	2021 年 9 月第 3 次印刷
标准书号	ISBN 978-7-5639-4374-6
定　　价	39.80 元

版权所有　翻印必究

（如发现印装质量问题，请寄本社发行部调换 010-67391106）

前　　言

　　无数事实证明，一个人最终能否成功，不仅与智商、天赋和努力等因素有关，更与情商有着很大的关系，甚至可以说情商是决定一个人成功的最重要的因素。由此，很多家长逐渐意识到了情商的重要性，开始着手提高孩子的情商，希望他们的各方面都能更优秀。

　　然而，从目前的情况来看，大多数家长并不知道该如何提高孩子的情商，采取的培养方式也并不科学。对此，家长要明白，只有科学的方式，才能真正提高孩子的情商；只有真正提高了孩子的情商，才能让他们更好地与人相处，更好地面对世界，更容易获得成功。本书能为家长提供很大的帮助，让家长了解更多切实可行的方法来提高孩子的情商。

　　本书共有十章，每一章都对应了一个与提高情商有关的主题，内容丰富，涵盖了教孩子学会感恩、培养孩子的责任心、提高孩子的人际交往能力等内容，能为家长提供全面的帮助。每一节都是从具体问题入手，通过讲述故事、分析故事帮助家长理解问题，然后再提供具体的解决方法。相信这样的方式能让家长更易于理解和接受,并从中找到科学而有效的方法提高孩子的情商,帮助他们健康地成长。

本书的视角比较广,从多个方面为家长提供了提高孩子情商的方法。比如教孩子认识自我,这个问题很容易被家长忽略,而本书涉及了这个问题,并提供了具体方法。此外,本书还单辟出一章,为家长列出在培养孩子情商的过程中可能出现的误区,以使家长能够进行合理的规避,从而让家长的培养方法更加科学、有效。从内容上看,每一节都包括了一个小故事,生动具体,贴近生活,易于理解,能让家长快速理解问题并借鉴书中提供的解决方法。

每一位家长都希望自己的孩子能够更好地与人相处,更好地面对生活和未来,获得成功和快乐。而这些,都要以优秀的情商为基础。相信本书能帮助家长用更科学的方式来提高孩子的情商,让他们的人生更美好。

目 录

第一章　情商决定孩子一生的幸福与成就

情商教育要区别男女 ································· 003

家长情商高，孩子也会受影响 ························· 006

快乐的家庭是培养高情商孩子的温床 ··················· 010

高情商的孩子更有竞争优势 ··························· 013

孩子情商高，幸福感更强 ····························· 017

第二章　教导孩子在"认识自我"中
　　　　　开始情商之旅

告诉孩子，不要轻易否定自己 ························· 023

教孩子做到"吾日三省吾身" ……………………………… 026

"天生我材必有用",这是孩子应有的信念 …………… 030

每个孩子都应了解自己、接纳自己 …………………… 034

允许孩子有个性,但不可唯我独尊 …………………… 037

第三章　帮助孩子学会管理自己的情绪

别让抱怨成为孩子成长的拦路虎 ……………………… 043

家长笑起来,让孩子不再悲伤 ………………………… 046

愤怒会左右孩子的理智 ………………………………… 050

不要让孩子的情绪因嫉妒而失控 ……………………… 053

孩子胆怯了,给他一点鼓励 …………………………… 057

第四章　指引孩子的情商在与人沟通中慢慢成长

告诉孩子,倾听是交流的催化剂 ……………………… 063

培养孩子在团体中的沟通能力 ………………………… 066

传授孩子与他人合作的技巧 …………………………… 069

孩子应该学点说话的技巧 ……………………………… 072

教孩子几个拒绝他人的妙招 …………………………… 075

◎ 目　录

第五章　让孩子的情商在爱的教育中逐渐成熟

给孩子应有的爱，孩子才会懂得爱 …………………………… 081

教孩子在与人合作时体会爱 …………………………………… 084

"爱情教育"必不可少 …………………………………………… 088

孩子懂得爱自己，才会爱他人 ………………………………… 092

用他人的不幸激发孩子的爱心 ………………………………… 096

第六章　引导孩子在培养责任感的过程中提高情商

有责任感的孩子更容易获得成功 ……………………………… 103

责任心是赢得大家信赖的法宝 ………………………………… 111

有家庭责任感的孩子更受欢迎 ………………………………… 115

爱找借口的孩子没有好人缘 …………………………………… 119

第七章　让孩子的情商在感恩中得到提高

告诉孩子，感恩的人才能收获幸福 …………………………… 125

孩子应该回报他人的友善和帮助 ················· 128

教孩子明白，有的付出是自己应尽的义务 ············· 131

让孩子明白，感恩的前提是尊重 ·················· 134

引导孩子从生活细节中学会感恩 ·················· 138

第八章　监督孩子在独立自主中逐渐提升情商

自律，让孩子更好地走向独立 ···················· 145

学会自我保护，家长更放心 ······················ 148

生活自理能力，需要孩子在家务劳动中提高 ············ 151

孩子独立重要一步：拥有自己的秘密花园 ············· 155

独立思考，自主解决问题 ························ 158

第九章　引导孩子充满自信地进行情商培养

鼓励孩子的优点，让他自信满满 ·················· 165

通过平时的小成果鼓励孩子 ······················ 168

每天赞美孩子一次 ·····························172

少批评、多鼓励，孩子更快乐 ···················· 175

教孩子对着镜子说"我是最优秀的" ················ 178

别再让孩子说"我不行"······182

第十章　需要家长避开的情商教育"雷区"

莫让情商教育变成孩子的负担和苦恼······189
情商教育要符合孩子的个性特点······193
情商教育要灵活多变，不能照本宣科······196
情商教育不能伤害到孩子的自尊心······200
不要用大人的情感标准衡量孩子······203
情商教育是长期的，家长不要急于求成······207

第一章
情商决定孩子一生的幸福与成就

◎ 第一章 情商决定孩子一生的幸福与成就

情商教育要区别男女

性别的差异带给孩子性格、习惯等方面的差异是非常大的，导致男女的情商也存在差异。我国古代的大教育家孔子说过要"因材施教"，情商教育自然要因性别施教。本节就跟各位家长分享一下不同性别孩子的不同情商教育方法。

说起男性，可能大家首先会想到的是"血气方刚""坚强"或"淘气"等词汇。男性给人们的印象就是沉稳、理性。受中国传统观念的影响，男性是"一家之主"，是责任和义务的象征。古语有云："天下兴亡，匹夫有责。"好男儿就应当是顶天立地、建功立业，"生子当如孙仲谋"，虽然不一定要有马革裹尸般的作为，但是光宗耀祖、养家糊口是一个男性的使命，也是义不容辞的任务。为了完成这样的使命，男性就被要求要有"坚强""责任心""理智"等一系列情商指标。追溯到原始社会时期，在刀耕火种的时代，男性承担的是打猎作战的任务，而女性是负责采摘繁殖的任务。不同的任务决定了男女的角色差异，这种差异也导致了男女在生活中的责任不同，需要的技能和素质也就不同。就像女性，由于在生活中不同于男性的角色，她们所需要具备的就是"细心""敏感""温和""慈悲"等一些与感性有关的情商因素。虽然今天的社会发展进步，不再跟以前一样，男女社会分工也大大不同，但是代代相传的基因和人们的社会意识决定了男女之间的这种差异。为了适应社会需要，完成各自角色所承担的任务，就必须根据孩子不同的性别从小培养孩子的情商。

由于性别的影响，男孩的情商可能更偏理性一些，女孩则更加感性、细腻。这些都是不同性别所固有的优势。但是仅仅具有一方面的优点是不全面的。我们所要培养的孩子应该是全面发展的，对于情商的要求也是如此。所以，家长要重点培养孩子情商的全面发展，对于其性别中所欠缺的部分要重点培养，优势则要加强，让孩子能够做得更好。

对于男孩的情商培养，家长可以重点从以下几点入手：

1.教孩子学会感受别人的关爱，学会表达自己的情感

大多数男孩子可能在情感上属于比较粗心的类型，其实男性基本是如此，在情感方面总是不如女性那样敏感、细腻，对家人与朋友的关心也似乎视而不见或有点无所谓。这样的孩子总是会给人一种不近人情的感觉，对孩子的人际交往也会有一定的阻碍。所以，家长要教孩子能够感受到来自别人的关爱。比如家长对孩子的爱、亲人们的关爱和朋友的关心，这些都是孩子人生中非常重要的情感。

能够感受到别人的关爱还不够，还要学会表达自己的情感。每个孩子对自己的最亲最爱的家长都怀着非常深沉的爱，但有的孩子很少或几乎没有对家长说过"我爱你"，尤其是男孩，有些羞于表达。但是，能够对别人的关爱有所回应，在与别人的交往中是很重要的。所以，家长要教孩子学会表达自己的感受，并且善于表达。比如对别人表示自己的谢意或歉意，对家人的关心爱护表示感谢并且有所回报等。

2.教孩子学会承担责任

之前说过，作为一个男性，最重要的就是要学会担当、有责任感。其实，不仅是男孩，每个人都应该如此。或许在这一点上，人们对男性的要求苛刻了一些。所以，家长要加强孩子的责任心的教育。在孩子遭遇挫折的时

候，鼓励孩子，教孩子人生道理，能够让孩子学会承担责任。

对于女孩的情商培养，家长可以重点从以下几点入手：

1. 教孩子不要过度敏感

对于女孩来说，天生敏感的性情有时候会成为孩子情商的阻碍。家长首先要教孩子不要过度敏感。过度敏感可以滋生很多情绪缺点，比如自私自利、多疑，总感觉别人对自己充满敌意等，这些都是不健康的心理表现。换句话说，家长要教孩子坚强一些，让孩子更加阳光，更加开朗。

2. 母亲是提高女孩情商的关键角色

由于性别上的共性，母亲就是孩子的镜子，也是孩子的榜样。所以，母亲要尤其注意自己的言行和习惯，这些都对女孩有非常重要的影响。女孩在成长过程中有一个非常关键的时期，就是青春期。青春期的她们已经不是小孩子了，而是少女，生理和心理都有很大的变化。这一时期的孩子，心理情绪尤为敏感和特殊。所以，家长要多给孩子关爱，和孩子沟通，尽量减少摩擦，这样会对孩子的叛逆心理有所抑制。女孩的心理成熟度要比同龄的男孩大一些，所以家长要更加细心，支持和鼓励会有助于亲子间的交流，也会有更好的效果。

"别跟着我了！"小捷对跟在身后的小敏生气又无奈地说道。

要"照顾"这个跟屁虫一样的妹妹，比小敏大两岁的哥哥小捷真是既生气又无奈。"你是哥哥，是男子汉，就要知道照顾妹妹。"这是爸爸常对他说的一句话。

"哥哥，这个给你吃。"看着可爱的妹妹拿着快要捏化了的雪糕跑过来的样子，小捷忍不住笑了。"要对妹妹说谢谢，你看妹妹多可爱。"妈妈对小捷说。小捷有点腼腆，对别人（尤其是家人）的帮助和

孩子的情商这样提升最有效

关爱，总是羞于表达。

"你吃吧。"小捷说了一句就跑到房间去了。

"妈妈，哥哥是生气了吗？我又惹哥哥生气了吗？"站在原地的小敏看着没带着她玩的哥哥疑惑地说。在她看来，哥哥不带着她玩就是在跟她生气。

"没有，哥哥怎么会生气呢，哥哥是回去做作业了吧？那你也要学会自己一个人玩好吗？"妈妈安慰小敏说。

"那好吧，我待会再去找哥哥。"刚要哭的小敏听妈妈那么一说，收起了眼泪。

"算了，我是男子汉，我就要照顾妹妹。"小捷牵着妹妹的手，又当起他的"小大人"了。

不论是男孩还是女孩，家长都要多关心孩子的内心世界，多和孩子沟通交流，真正走进孩子的世界，才能给孩子最好的教育。

家长情商高，孩子也会受影响

妈妈下班一回家，就看见小雪独自坐在客厅里，脸上还挂着几串泪珠。

要是以前，妈妈肯定又要发脾气，不问缘由先呵斥小雪不许再哭。不过，妈妈在"冤枉"了几次小雪后，注意到小雪的情绪变化，开始转变自己的方式。她并没有发火,而是询问小雪:"小雪,怎么了?发生了什么事让你这么不开心啊?"

小雪没说话,被妈妈一问,更是一个劲流眼泪。妈妈看到孩子旁边的玩具熊的一只胳膊快掉了,这是小雪最喜欢的玩具。小雪哭着说:"妈妈,我的小熊在小朋友抢的时候被弄坏了。"

"妈妈知道你很喜欢小熊,也知道你现在很难过。没关系,先不哭好不好?我们来看看小熊的胳膊还可不可以补救。"

"真的吗?"小雪一下子看到了希望,擦擦眼泪,对妈妈说道,"妈妈,你一定要帮我弄好小熊的胳膊啊。"

"嗯,好,我帮你看看。但是妈妈也不能保证一定会好。不过不管怎么样,你都不要太难过好吗?"妈妈郑重地说。

小雪想了想说:"好,我答应你。不过,妈妈,就算小熊修不好,我们也不要把它丢掉好不好?"

"嗯,好,怎么会丢掉呢,小熊没有家多可怜啊。我们把它收藏起来,这样你还可以经常看到它。"

"嗯。"小雪开心地答应了。

前一节说过,情商也是有遗传的部分的,虽然不起决定性作用,但孩子的性格会受到家长的很大影响。对孩子性格的影响,除了遗传外,生活习惯也有很大的作用。俗话说:"家长是孩子的第一任老师。"那么自然是"老师"的水平越高,对孩子的帮助也就越大。如果家长的情商高,就可以在生活中给孩子良好的影响和指导。所以,家长想要提高孩子的情商,首先要努力学习,给自己的情商充电。

情商教育其实就是培养孩子一个良好健康的心理状况。这需要在孩子还是很小的时候就开始做，而教导孩子认识和正确地对待情绪是最基本的部分。情绪是一个比较抽象的存在，用语言来教导孩子认识往往没有很好的效果，而且对情绪的教育要从小做起，家长的"身教"就要比"言传"更加有效。要想当高情商的家长，首先就要学会控制自己的情绪。

先来探究一下情绪是从哪里来的。人类情绪的来源是本人内心的一套信念系统，外来的事物只不过是诱因而已，内在的信念系统才是决定的因素。情绪是来自于人的内心，那么情绪是可以被人为控制的吗？答案当然是肯定的，人可以控制自己的情绪。家长的情绪对孩子的影响是非常明显，也十分微妙的。如果家长用愉快的态度陪伴孩子，那么孩子的情绪也会是积极的。但如果家长遇到不顺心的事情，和孩子在一起，这种负面情绪就会影响到孩子。家长如果不懂得控制自己的情绪，经常在孩子面前以一种负面的情绪出现，比如焦虑、暴躁、争吵、动手或拿孩子来出气，这样的行为不仅对孩子的情绪有所影响，还会对孩子的身心健康产生不利影响。一些性格孤僻甚至有暴力倾向的人在小时候几乎都受到过家长的"影响"，可见家长的情绪对孩子的影响是非常深远且严重的。

一个人的成功，百分之二十得益于智商，百分之八十则是情绪的功劳。所以，家长不仅要学会控制自己的情绪，还要帮助孩子来发展情绪智慧。有两种家长，一种叫作情感疏离型家长，一种叫作情感教导型家长。前一种家长会压抑孩子的情绪，后一种家长懂得帮助孩子去抒发，并且帮他调节情绪，建立情感智慧。情感疏离型的家长比较粗心，属于情商比较低的家长。他们在孩子遇到情绪问题时，会压抑孩子的情绪，让孩子的情绪得不到排遣和抒发，这样是不利于孩子的心理健康的。很多心理问题就是这样积少成多，最终困扰孩子的。而情感教导型的家长不会简单地压抑孩子的情绪。他们会帮助孩子梳理情绪，解决情绪问题。举个简单的例子，比如孩子的宠物

◎ 第一章　情商决定孩子一生的幸福与成就

猫病死了，面对孩子低落的情绪，情绪疏离型的家长会直接告诉孩子："猫死了就死了，没关系，再买一只就是了。"这是很实际的说法，没有任何错误。但是，孩子的情绪却没有被重视，被家长压抑着，没有得到很好的理解和排遣。久而久之，会让孩子变得漠然和习惯性地压抑情绪。而情绪教导型的家长不会漠视孩子的悲伤情绪，首先要肯定孩子的情绪，比如告诉孩子："我知道你很伤心，我小时候，心爱的狗死了也是这样的心情。"一句话肯定了孩子情绪存在的正确合理性，再帮孩子认识情绪，逐渐排解情绪，让孩子知道，人有情绪是自然的，情绪是可以被了解、被疏导、被善用的。经过这种学习，孩子将来如果碰到痛苦与挫折时，就懂得自我抚慰、梳理情绪。长大以后，也因了解自我和别人内在的情感世界，比较容易与别人建立好的关系。

作为高情商的家长，必须要对孩子的情感懂得尊重和理解。家长要明白的一个道理就是：每个人都可以有不同的心理感受和情绪反应。己所不欲，勿施于人，孩子对一件事的情绪反应是没有对错之分的，家长要承认孩子的情绪与自己的情绪之间的差异，不要勉强孩子与自己保持一致。一个人的行为有对错之分，思想也可以有是非之别，但是情绪反应本身是没有错的。家长不要急于否定孩子的情绪反应，不要对孩子的情绪擅自进行自己的"道德审判"。

高情商的家长还应该保持合理的交流方式，注意和孩子保持恰当的说话方式，包括自己的语气、用词等。家长和孩子的说话方式会影响到孩子从周围环境中学习的方法和内容，也会影响到孩子与别人的交往方式。家长与孩子应该保持一种平和的态度，用语言准确表达自己的情绪，也要准确感受孩子的情绪，帮助孩子用语言表达自己的感受和需要，这样可以帮助孩子更好地和别人进行交流。

快乐的家庭是培养高情商孩子的温床

"现在我宣布,我们来举手表决,同意去公园的请举手!"

妈妈举起了手。

"好,现在同意去爷爷家的请举手。"

爸爸一下子把手举得高高的。

他们这是在干吗呢?原来这是津津家的家庭会议,在决定这个周末要去哪里过。由于家人意见不统一,于是决定在"家庭会议"上来举手表决。

津津家就是这样,总是充满着欢乐和笑声。

津津的爸爸妈妈总是尽力给孩子一个宽松民主的家庭氛围。他们不会逼着孩子学习各种特长或者往返于许多补习班之间,对于学习的事一直是由孩子做主,津津爸爸常说:"我是给孩子帮忙解决她不能解决的问题的,而不是给孩子制造问题的。她自己应该学着当一个有主见的人。"

津津家还有一个约定,就是不许吵架。任何事都要协商解决,要用民主的方式,也就是通过"家庭会议"来举手表决。津津在这样的环境下,人也很随和开朗,从来都不和别人吵架,也不任性。正因为这样,小伙伴们都喜欢和她玩。

为了给孩子一个良好的家庭环境,她的爸爸妈妈可谓是想尽一切

◎ 第一章　情商决定孩子一生的幸福与成就

办法。大人难免都会遇到烦心事，但是爸爸妈妈从来都不会当着孩子的面吵架。如果真的闹矛盾，就把孩子送到爷爷家住两天，和亲戚的孩子在一起，让虽为独生子女的津津却没有一点独生子女的骄纵和自私，反而像个小大人一样照顾着小弟弟小妹妹们。这样的性格对孩子处理人际关系是非常有帮助的，在班上，津津就是一个乐于助人、容易相处的学生，作为班长的她，也是品学兼优。

津津也是一个非常懂事的孩子，她常常说长大以后对爸爸妈妈要像爸妈对爷爷奶奶那样好。爸爸妈妈确实是孩子的好榜样。在这样温馨和睦的家庭中，津津一天天快乐地成长。

家庭是孩子成长的摇篮，也是孩子的第一所"学校"。在这里，孩子要学习的内容非常多，情商就是其中之一。要想孩子学习得更好，这所"学校"的环境和氛围非常重要。要想造就高情商的孩子，就离不开快乐的家庭环境。

在快乐的家庭环境中成长起来的孩子，由于受这种轻松愉快的环境的良好熏陶，性格会更加开朗，更加积极阳光，而且会更加容易地感受到生活中的幸福与美好，在和别人交往的过程中也会更加容易地和别人相处。由于有快乐的家庭生活环境，孩子得到的关爱和肯定更多一些，所以孩子也就更加有自信、更加乐观。反之，如果孩子生活在一个充满争吵、冷漠，或者嘈杂的、缺乏关爱的生活环境里，孩子缺乏必要的关爱和安全感，性格也就会变得封闭、孤僻，对别人也会冷漠。家庭是怎样对待孩子的，孩子长大后自然就会怎样对待他人和社会。一个不快乐的家庭环境中出来的孩子是缺乏自信的，对生活充满了悲观。有的家长在对待孩子时不顾及说话的方式，说话不假思索，态度也毫不掩饰，甚至有时候会把自己的不如意迁怒到孩子身上。

这些家长的态度给年幼的孩子留下了不好的影响，甚至给孩子的内心留下了阴影。这些情绪如果得不到家长的重视，长期堆积在孩子心里，对孩子的成长是极为不利的。

家庭环境的主要营造者是家长，家长的关系在家庭氛围中是主要的影响因素。要想给孩子一个快乐的家庭环境，家长之间的关系首先要融洽，这样才可以给孩子更多的关爱。要想孩子成为一个阳光开朗的人，就要让孩子感受到温暖和关爱，感受来自周围环境的关爱。而在家庭中能给孩子这种关爱的就是家长的爱情，家长关系的和谐与否直接关系到孩子成长的心理状态。有的家长总是习惯用争吵来解决问题，孩子就在这样的"战争"中成长，在担心"战争"会爆发的忧虑中生活，结果给孩子的身心造成伤害，使孩子在忧虑中变得怯懦、退缩和封闭，或者使孩子走入另一个极端：像家长一样，用争吵或暴力来解决问题，这样下去，对孩子来说是危险的，会使孩子性格暴躁、容易发脾气，难以控制自己的情绪，变得情绪化；还会使孩子容易变成一个有暴力倾向或有性格缺陷的人，对孩子的人际交往是十分不利的。

除了与家长的关系外，亲人之间的关系也是家庭环境的重要组成部分。家庭环境不仅仅包括与家长的"小家"，还有与亲人之间的关系，与邻里相处，甚至包括自己周围的小环境。亲人的和睦对于每个人来说都是非常需要的。父慈子孝，兄友弟恭，这种非常融洽的家庭环境会让人变得温和亲近。古语有云："老吾老以及人之老，幼吾幼以及人之幼。"被这样温馨的家庭环境熏陶着，孩子也会变得更加友善，和人交往的时候自然会受到这样的良好影响。家长要给孩子起到示范作用，孝顺老人，关爱孩子，亲人之间相互帮助、互敬互爱，孩子自然也会接受"孝"这一课，孝顺家长的观念自然就潜移默化地影响到孩子了。

俗话说："远亲不如近邻。"尤其在现代钢筋水泥的"围城"里，邻里之间的关系也并不是很亲近，容易给孩子造成一种陌生的生活环境。邻里之间的关系如果有可能还是有必要搞好，让孩子的家庭环境能够有延伸，同时延伸的还有给孩子的快乐的环境。更重要的是让孩子学会关爱别人，也能体验到更多的关爱。这对帮助孩子塑造健康心理是有好处的。

一个快乐的家庭环境应该是民主的、开放的，这样的家庭里，家长不是包办一切的主宰，也不是以命令式的口吻来要求孩子按照家长的意愿来做事。快乐的家庭应该是孩子可以说出自己的想法，家长也会尊重孩子、理解孩子，即使有不对的地方，也是指导孩子改正。在这种平等的家庭关系中成长起来的孩子，思维会更加灵活，更富有创造性。生活在这种环境中的孩子对幸福会有更加深刻的体会，也更能理解别人的感受，在和别人相处的过程中，会把这种平等的观念深入其中，在人际关系的处理中更加游刃有余。

高情商的孩子更有竞争优势

欢欢和乐乐是一对好姐妹，年龄相差没有几岁，可是两个人的性情却是大大不同。

欢欢是个懂事的好孩子，比妹妹乐乐大几岁，事事都让着妹妹，而且妈妈不在家时还帮忙照顾妹妹的生活，就像个小大人一样。她常常说："妈妈照顾我们很辛苦，我应该多帮帮妈妈分担。"所以，她也是妈妈的小帮手，经常帮妈妈干一些力所能及的家务。更因为有妹妹，她很小就懂得分享，在家里是这样，在学校也是这样。她为人大方，和同学们关系都很好，每次家里带了好吃的和好玩的，都能够和好朋友一起分享。再加上她学习成绩也不错，在学校里很受欢迎。

而妹妹乐乐就不是这样了。在家里，她是最小的孩子，爸爸妈妈的宠爱和姐姐的谦让照顾，让她的公主脾气越来越大，在学校里也是要小伙伴们都围着她转才可以。一回到家就围着爸爸妈妈告状："我们班的×××可讨厌了，他那么笨，还总是欺负我……"

又到了期末评比，姐姐欢欢又被评为了三好学生，这可是全班同学投票决定的，而且还荣升为班长。可是乐乐什么也没有，她的成绩虽然也不错，可是在班里人缘确实不怎么好。这下，乐乐的嫉妒心又出来了。看着乐乐不开心的样子，爸爸对她说："你只看到了姐姐的收获，要想想她为什么可以得到这些。人要认识到自己的缺点，对自己有一个正确的评估，这样才能进步。你还有很多需要努力的地方啊。"

上例中的欢欢比妹妹乐乐拥有更高的情商，不但能得到家长的喜爱，在同龄人中也很有人缘。而妹妹乐乐就不同了，虽然学习成绩不错，但情商相对较低的她无法得到周围人的喜爱。

有人认为，情商的作用更高于智商。那么什么是情商呢？情商是情绪商数的简称，其英文缩写为EI或EQ，是一种自我情绪控制能力的指数，其理论由美国心理学家彼得·萨洛维于1991年创立，属于发展心理学范畴。情商是一种认识、了解、控制情绪的能力。1995年，时任《纽约时报》的科学记者丹尼尔·戈尔曼出版了《情商：为什么情商比智商更重要》一书，引起全球性的情商研究与讨论。因此，丹尼尔·戈尔曼被誉为"情商之父"。根据他的观点，情商包括五个方面的内容。第一个方面是了解自我，就是说一个人

第一章　情商决定孩子一生的幸福与成就

可以时刻注意到自己的情感变化，观察和审视自己内心的情感体验，这是情感智商的核心，只有了解自己、认识自己，才能主宰自己的情绪，掌控自己的生活。第二方面是自我管理，这里指的是能够控制自己的情绪，使之能够适时适度地表现出来，这也就是能够调控自己。第三个方面是自我激励，能够依据自己的目标调动自己的情绪，这当然是指积极的情绪，从而帮助自己走出低谷。这三点讲的都是有关自身情绪的。第四个方面是指能够识别他人的情绪，能够通过细微的社会信号、敏感地感受到他人的需求与欲望，是认知他人的情绪。这是与他人正常交往，实现顺利沟通的基础。识别了他人的情绪，接下来就是与人交往的技巧了，这也是第五方面的内容，即调控自己与他人的情绪反应的技巧。

情商有如此复杂的内容，那么它有什么作用呢？情商是表示认识、控制和调节自身情感的能力，情商的高低反映着情感品质的差异。可以说，情商对于人的成功起着比智商更加重要的作用。情商主要与非理性因素有关，影响着认识和实践活动的动力。它通过影响人的兴趣、意志、毅力，加强或弱化认识事物的驱动力。智商不高而情商较高的人，学习效率虽然不如高智商者，但是有时能比高智商者学得更好，成就更大。因为，锲而不舍的精神使勤能补拙。另外，情商是自我和他人情感把握和调节的一种能力。因此，对人际关系的处理有较大关系，其作用与社会生活、人际关系、健康状况、婚姻状况有密切关联。对于情感的经营之道，顾名思义也离不开情商的高低了。情商高的人可以很好地处理人际关系，而且具有良好的领导能力。成年之后，这种高情商还会对家庭幸福、婚姻美满起到很大的作用。而低情商的人，由于在处理人际关系方面有障碍，在这个合作与竞争并存的世界，显然竞争力就不如高情商的人了。

人类在作出正常举动时，是综合运用了大脑的两个部分，即情感部分和逻辑部分。一个高情商的人会综合利用大脑中的各个部分，并在大多数情况下运用其大脑皮层部分。在处理事情的时候，表现自然要更好一些，就能对自己有很好很全面的认识，做事能够有较准确的判断，并且自身有一定承受压力的能力，是充满自信而不是骄傲自满。在处理人际关系的问题上是成功的，拥有良好的人际关系，能够和朋友、亲人和同事之间友好相处，善于处理生活中遇到的各种问题。尤其有很重要的一点，就是懂得尊重别人，不把自己的意志强加在别人身上，正所谓"己所不欲，勿施于人"，在合作中能够做到求同存异，共同发展。

而情商低的人往往就是相反的情况了。低情商的人对生活或某件事没有一个明确的目标或者计划，或者即使有了目标，也容易受到他人或者外界的干扰而轻易改变。所谓："有志者立长志，无志者常立志。"其次就是难以控制自己的情绪，总是喜形于色或情绪无常，容易暴躁发怒，情绪悲观，怨天尤人，自怨自艾，对生活没有希望，也不愿为之努力。此外就是人际关系方面的缺陷。情商低的人无法与人很好地相处，这样的人在生活中可以用诸事不顺来形容了。不懂得合作，就无法做成很多事。比如情商不够的孩子在生活中缺乏伙伴，在学校里与同学关系紧张，这样是不利于身心的发展的，对于学习也是不利的。所以，情商高低的差异可以说是从小就可以体现出来，并且会一直影响孩子的成长和成才的，而高情商孩子的竞争优势是非常明显的。所以，作为家长，要从小重视孩子的情商培养，提高孩子的竞争优势。

◎ 第一章　情商决定孩子一生的幸福与成就

孩子情商高，幸福感更强

科学家发现，大脑控制情绪的部分——也就是边缘系统——受损的人，可以很清晰和符合逻辑地推理和思维，但所作出的决定都非常不足。科学家因此断定，当大脑的思维部分与情感部分相分离时，大脑不能正常工作。这也就是说，情商高的人自然可以做出高级的判断。同样，对于事物的感知能力和认识程度，高情商的人也会有不同的理解和更深层次的认识。对于人生中幸福的体验，情商是否也在其中起作用呢？

答案当然是肯定的。情商高的孩子对于人生中的幸福能够更加容易地体会到，并且还会有更深入的体会和思考。说到这个问题，可以先论述一下情商和幸福的关系。之前说过，情商高的孩子不管是对自身还是外界的事物都有更深刻的认识。情商的重点内容之一就是人对自己的认识。一个人自然是优点与缺点并存、长处和短处兼备的，如果可以充分认识自己、了解自己，那么一个人必然会是充满一种精神，自信但不自满，乐观但不盲目，这是一种正能量。在一个人的生活中，这种精神力量是非常巨大的。如果孩子可以充分认识到自己的优点，干事充满信心，那么他的每一天将会是处在奋斗中且是感受幸福的。此外，情商的另一点重要内容就是对别人情绪的理解和人际关系的处理。情商高的人在人际交往方面也会是一个成功者，因为他能够更加敏感地观察到别人情绪的变化，这就加大了人与人之间交往沟通的可能性，而且可以促进友好交流的进一步发展。有了良好的人际关系，干事自然就会更加顺利。在一个友好的环境中工作学习和生活，人的精神和心情自然是很愉悦的。在这样的氛围之中，又怎么会感觉不到幸福呢？可以说，高情商可以帮助孩子创造幸福。

情商帮助孩子创造了幸福，在幸福之中的孩子，其情商也在不断提高，能够正确认识自己，并且拥有良好的人际关系。在这样积极的环境之中，孩子的情绪也受到积极的影响，势必会向好的方向发展。在这样不断的锻炼之中，孩子的情商也得到锻炼。人生会不断出现新的问题，需要不断寻找新的解决方法。在这个过程中，需要孩子不断地思考，不断地寻找，并不断地实践。如此下去，孩子的情商得到了有效的锻炼，自然也会提高。情商提高了，又会形成新的认识，感悟到新的道理，自然也就会体验到新的幸福。所以说，情商与幸福是相互促进、相辅相成的关系。二者如同台阶，在各自的提升与进步中，孩子也在逐渐进步着，将会变得更加成熟、更加睿智。

之前说过高情商和低情商的人各自的表现。一个高情商的人表现出的是一种乐观、积极、自信的态度，对人生怀有美好的憧憬。他们身上有很重要的一点，就是懂得激励自己，能够控制和调动自己的情绪来帮助自己走出人生的低谷，这其实也是一种勇敢的斗争。一个人最大的敌人是自己，是成功时刻的骄傲自大，是失败时候的灰心丧气，是前进路上的畏首畏尾，是努力奋斗时的懒惰怯懦。如果一个人可以战胜自己的这些消极情绪，依靠自己的情绪来战胜自己，那么他就是英雄，是最大的成功者。而努力战胜自己的过程，也是一种幸福，是一种拼搏的幸福、充实的幸福，更是一种胜利的幸福。而这种幸福，是意志薄弱者、情商低下者无法体会到的。

人是一种社会动物，习惯的生活方式是群居。虽然人们现在生活的环境跟以前有很大不同，人口数量也大大减少，一个小家庭生活的独立空间也有限，但是来自外界和别人的认同感、与人交往的必要性是不可或缺的，尤其

◎ 第一章 情商决定孩子一生的幸福与成就

在交流合作竞争日益激烈的今天，没有人可以脱离社会群体而独立存在。这时候，情商高的人自然是收获更多，良好的人际交往关系可以给他带来很大的好处。在一个和睦的环境中，人的心情也会变好。在这样的环境中，幸福感岂会有不上升的道理？

君君是从农村转学来的孩子。他小时候寄养在爷爷奶奶家，爸爸妈妈在进城打工几年之后，回家在家乡的县城里安了家，把君君也接了过来。

虽然不是什么大都市，但和爷爷奶奶家相比，县城里的生活已经非常豪华了。君君刚来不久，无法完全适应这里的生活，也依然保持着自己原来的生活习惯。他是一个节俭的孩子，因为他从小看着爷爷奶奶在田里劳作非常辛苦，"谁知盘中餐，粒粒皆辛苦"，在他心里可是切身感受。也正因为他生活简朴，在班上甚至还有同学嘲笑他。一次，一位同学交作业时看见君君在用背面写过字的纸当草稿，就嘲笑他说："呦，连张纸都舍不得，真是个小气鬼。"从此以后，"小气鬼"这个外号就流传开了。

妈妈听说后，心里很难过，怕会给君君留下不好的影响，想安慰安慰他，并且不想让孩子还那么节俭。没想到，君君却说："妈妈，没关系，我觉得我现在这样已经很好了。爸妈工作很不容易，我能有现在的生活觉得很幸福，我每天能吃到妈妈做的饭菜，能坐在教室里读书学习，这就已经很幸福了。我会好好学习，好好回报你们，我的每一天都过得很充实，很快乐。我是一个幸福的人！"

人的幸福感其实很大程度上取决于自己的内心态度。不同的心境对待同一件事物也会衍生出不同的看法和心情。比如，桌子上有半杯水，这是事实。"唉，只剩半杯了"，这是悲观者的态度。"还好，还有半杯"，这就是乐观者的态度了。而在情商高者的字典中，是没有"悲观""绝望"这样的字眼的。一样的逆境，有的人可能在其中自甘堕落、听之任之、随波逐流，反而抱怨命运的不公，到头来自然是一事无成。有的人却能够把苦难当成一笔财富，当成前进路上的垫脚石而不是绊脚石，在逆境中锻炼自己，克服懦弱，把苦难当成考验，虽然艰辛却依然甘之如饴，最终走上了成功的巅峰。通过奋斗而取得最终的成功，这是人生最大的幸福。而这种幸福，需要高情商才能创造，才能领悟。

第二章
教导孩子在
"认识自我"中
开始情商之旅

◎ 第二章 教导孩子在"认识自我"中开始情商之旅

告诉孩子,不要轻易否定自己

萱萱想学钢琴,自从第一眼看见那个有黑白键的大家伙后,她就不可救药地爱上了它,并且发誓要好好学习弹钢琴。

在自己好说歹说而且表明了自己学习钢琴的决心后,终于说服了爸爸妈妈答应买钢琴。她兴奋地拉着爸爸妈妈来琴行。第一次如此近距离地看着心爱的钢琴,萱萱心里止不住地激动。她的手指轻轻拂过琴键,感受来自指尖的美妙。

"你要学习钢琴吗?"一个声音飘进了萱萱的耳朵,走进了她的心里。

"嗯!"萱萱郑重地回答。面前是一个中年男子,他打量了一下萱萱,目光又停留在萱萱还停在琴键上的手指上,然后摇了摇头,又叹了叹气,似乎还带着点无奈地说:

"你手太小,手指不够长,恐怕不适合弹钢琴吧。"

"为什么?手小怎么了,我喜欢钢琴,我可以练习啊。"萱萱一听这话,都有点急了。要知道,她现在有很大的热情和决心,怎么能够容忍别人说不行呢?

"孩子,你知道的,很多事不是仅靠热情就可以的。音乐这种事,怎么说呢,没有天分,再努力也无法达到顶峰。我自己就是练钢琴的,我知道。"

萱萱心里很难过，这样一位"权威人士"都发了话，自己的信心都受挫了，之前的热情也有些消减。难道自己就真的不适合弹钢琴了吗？

爸爸知道后，对萱萱说："你觉得你喜欢钢琴吗？你觉得自己行吗？"

萱萱说："喜欢，当然喜欢了！我是真的想好了要学习钢琴的。我知道学习不容易，可是我会很努力的。"

"那就行了，既然你自己已经下定了决心，又何必那么在意一个陌生人的话呢？他又不够了解你，他说的也不一定就是百分百正确的啊！你要相信自己，也要果敢有魄力，自己的事情要自己拿主意，别人的意见都只是参考，当然更不能因为别人的一句话轻易否定自己，知道了吗？"

爸爸的话让萱萱吃了一粒定心丸，她决定了要学习钢琴。而且她相信，自己一定可以学得很棒的。

果然，仅仅一年后，萱萱的钢琴就已经过了四级了。

案例中的孩子在下定决心要学习热爱的钢琴时，却遇到了一位"专业人士"泼冷水。对自己梦想的否定是每个人都不愿意见到的，于是萱萱也像多数孩子一样对自己产生了怀疑，可是这种否定就一定是正确的吗？萱萱的爸爸给了她答案：相信自己，没错。别人的话都只能是参考，不能因为别人一句不确定的话而轻易否定了自己，从而失去了一个学习甚至是成功的机会。家长要教孩子正确看待别人的评价，要让孩子知道，别人的评价不一定完全正确，别人对自己的了解并不一定全面，也不是事件的亲历者，所作出的评价不一定就是中肯客观的，所以要教孩子对别人的意见抱着参考的态度而不

◎ 第二章 教导孩子在"认识自我"中开始情商之旅

是完全信服。面对别人负面的评价时，孩子更应该保持清醒的头脑，而能够正确判断和对待别人意见的前提和重要基础是孩子对自己能够有一个正确、客观、较为全面的认识，并且对自己的决定有较为准确的判断，然后就是要教孩子对自己有足够的自信，不要轻易因为别人的一句话而否定自己的能力。这里有几点建议供各位家长参考。

1.树立自信心是基础

因为对自己有信心，才不会轻易被别人影响。教孩子树立自信，家长就要让孩子意识到自己的能力。要让孩子觉得在遇到一件事时"我能做""我会做"，鼓励孩子充满信心，而不是遇事畏首畏尾，总是觉得"我做不到"。一个没有自信的孩子遇事时会犹豫不决，如果再有人对孩子提出否定意见或泼冷水，那么孩子自然容易人云亦云，也跟着否定自己了。所以，帮助孩子树立自信是关键。

2.不要急于否定孩子的意见

如果孩子想做一件事，还未动手，一张嘴说想法，家长就是一句话："不行，这样不对。"孩子开始做一件事，家长在一旁指指点点："你不应该这样做，这是不对的。"如果孩子经常遇到这样的情况，久而久之，就会造成一种感觉：自己总是错的。这种感觉对孩子来说是很危险的。孩子会随着家长的否定变得没有信心，思维能力也会下降，不敢说出自己的想法，这对孩子的性格形成很不利。家长要鼓励孩子勇于说出自己的意见，并且以一种尊重、平等的态度来对待，让孩子感觉到自己的意见是被重视的，而自己的意见是有可取之处的。当别人对孩子提出不同意见，孩子也就不那么容易盲从，不会因为别人的一句话轻易否定自己。家长要让孩子觉得自己会是对的，也要学会对别人的态度持有怀疑精神，会思考、敢发言、敢质疑，孩子也就不会因为别人的意见对自己进行否定。

3.教孩子学会坚持

有句话叫:"既然选择了远方,便只顾风雨兼程。"对每个人来说,人生中重要的决定,一旦下定决心,就不要轻易改变。比如未来发展的方向、自己的兴趣爱好或自己要达到的目标。这些都有可能会受到质疑甚至阻碍,但成功者往往是因为选择了坚持,并且为之不懈努力,才获得了成功。当孩子作决定时,首先要自己有成熟的思考和谨慎的判断,一旦作了决定,就要有风雨无阻的坚持精神,要有毅力和魄力,敢于坚持自己的想法。只要自己有足够的信心和恒心,就没有人可以改变决定。当然了,家长要帮助孩子选择方向,不能让孩子在错误的道路上固执下去。

其实,有不同的意见未必是件坏事。有时候,别人的意见是对的,可以帮助孩子及时矫正方向。面对别人泼的冷水,家长要教孩子正确对待,把前进路上的阻碍当作动力,让这些声音帮助孩子保持清醒的头脑,时刻有着前进的动力,不断奋斗,最终走向成功。

教孩子做到"吾日三省吾身"

强强马上就要上初中了。真是名如其人,他是个"猛男"型的孩子,身强力壮,而且有个最大的特点,也是他的缺点,就是非常容易冲动。

从小学到初中,用强强妈妈的话来说,就是来告状的家长和孩子都快把家里的门槛踩破了。强强就是这样,总是容易惹是生非,出门不一

◎ 第二章 教导孩子在"认识自我"中开始情商之旅

会儿就和别人闹了矛盾,三句话不合,甚至会动手打人。妈妈多次告诫他,可是他却不听。挨了批评,还振振有词地为自己辩解,说不是自己的错:"不是我的错,谁让他先惹我来着!"

爸爸总说强强就是被宠坏了。小时候,他在家说一不二。由于是独生子,所有人都对他迁就忍让,而且是疼爱有加,所以他对"错误"二字是没有什么概念的。尽管随着年龄的增长,他的蛮横有所收敛,但是暴躁的脾气却是一时无法改正了。新学期开始不久,强强又和同桌闹别扭。这次的起因很简单,因为强强的作业出现一道错题,在交作业前,强强要和同桌对答案,可是同桌不愿意,强强无奈,只好自己做了,然后交了作业。结果,出现了错题,老师罚他把原题多做几遍,强强就觉得老师给了他难堪,而这一切的原因就是同桌没有帮他。因此,两个人吵了起来。

"爸,你跟我们老师说说,帮我换座位好不好?"因为强强的班主任是爸爸的同学,强强想通过班主任的帮助来解决矛盾,顺便给同桌点"颜色"看看。

"为什么?"爸爸很奇怪。"没什么,就是不喜欢和他坐了。"强强顺口说道。

"要换座位总得有个理由吧,你不会是又惹什么事了吧?"爸爸狐疑地看着强强,"你说,怎么了。你要是不老实说,我肯定不会帮你。"

没办法,强强只好和盘托出。爸爸听后严厉地批评了他。

"强强,明明是你的错,你为什么看不到呢?你这种做法很不好,遇事要多从自己身上找原因,你这样怎么行?一个不会反思自己的人是永远都不会进步的!"

听了爸爸的话，强强心里还不服气，还在执拗地想："不是我的错。"

上述案例中的强强是一个典型的不服输也不服气的孩子，做事总以为自己是对的。就像强强爸爸所说的，遇事要多从自己身上找原因，要学会反思自己，这样才能找到自身存在的问题，及时改正，才可以不断进步，最终走向成功。一个不会反思的人是不会成功的。曾子曰："吾日三省吾身：为人谋而不忠乎？与朋友交而不信乎？传不习乎？"由此可见，即使是圣贤也会犯错，行事必须谨慎仔细，人非圣贤孰能无过，更何况是平常人呢？一个人不断进步的根本原因，不在于他有多么聪明，而在于他能及时改正自己的错误和缺点，不断地完善自身，这样才越来越接近成功，才会在奋斗的道路上越走越远。"以人为镜，可以明得失。"一个人最好的写照就是自己，而自己的行为就是一个人品行的最真实写照。所以，要想更好地认识自己，就要从审视自己的行为开始。这种审视，就要抱着一种反思、检讨的态度，找出自己存在的问题，及时改正，才能不断进步，迈向成功。作为家长，一定要培养孩子自我反省和自我检讨的意识，而真正要做好这个自己给自己"挑毛病"的工作却是很不容易的。这里有几点建议供各位家长参考，希望能对家长们有所帮助。

1.教孩子敢于直面自己的行为

要让一个人检讨自己的行为，对自己的所作所为进行反思，其实是很困难的。每个人都不愿意至少不乐于低头认错，不愿意承认自己的行为是错的，孩子更是如此。要想反思检讨，就必须克服心理上的难关。家长要教孩子敢于直面自己的行为，要能够有检讨的勇气。这是一个战胜自我的过程，也是非常关键的步骤。只要孩子能够克服自己内心的障碍，做到坦然面对功

◎ 第二章 教导孩子在"认识自我"中开始情商之旅

过是非,那就是伟大的成功。

2.教孩子反思要有恰当的方法

如果孩子做错了事,家长可以用两种办法来告诉孩子:第一种方法是直接告诉他是错的,并且非常严厉地惩罚他,勒令他必须改正。第二种方法是委婉并且礼貌地告诉孩子这种行为是错的,让孩子自己意识到错误,然后进行思考,最后再作出选择。这两种方法,自然是第一种简单省事、方便易行,但是效果如何呢?可能很多家长都有这样的经历:即使天天批评,可是孩子还是我行我素、屡教不改。根本原因在于孩子没有意识到自己错误的本质,而且严厉的方式更容易激起孩子的逆反心理,让孩子更不会静下心来反思自己了。所以,家长要采用恰当的方式。比如孩子今天和别人打架了,家长可以采用讲故事的方法,把孩子亲历的事当作一个不相干的人发生的事,让孩子作为一个旁观者来判断是非,既采用了孩子喜闻乐见的方式,又很好地顾全了孩子的面子,更重要的是不会让孩子带着情绪来审视自己的行为,这样可以作出一个更加公正客观的评判。方法很重要,因为它关系到孩子接受的态度。所以,家长要注意方法,不要采用过激行为。

3.检讨后要帮助孩子及时改正

让孩子不断反省、检讨,不仅仅是为了让孩子认错,更重要的是要找到孩子成长过程中存在的问题,并且能够及时改正这些问题,让孩子更加完美。所以说,家长的重点应该放在孩子是否改正了问题,是怎么样来改正的。家长更应该给孩子行为上一些指导性的建议,让孩子的成长步入正轨。另外,家长还要提醒孩子注意:不管是检讨还是反思,都只是针对某种具体的行为,而不是针对孩子本身。所以,孩子应该对这种批评抱有正确的心态,要理解家长的出发点都是好的。孩子也应该从自己一次次犯的错误中找到问题的本质，积累成长的经验，这样才能让成长之路更加顺畅。

"天生我材必有用"，这是孩子应有的信念

"快点，你过来把窗户擦一下。"

"不行，我恐高。"当琦琦听到小组长让她去擦窗户时，她连连摆手。

"那好吧，你去把那边的垃圾桶收拾一下。"很快，琦琦又有了新的任务。

琦琦拿着扫帚，可是它却似乎很不听使唤。琦琦卖力地挥动着，不一会儿，教室后面灰尘滚滚，乌烟瘴气。

"哎呀，你看看，我刚擦的玻璃都弄脏了。"擦窗户的同学在抱怨着。

"咳咳咳，这是怎么了啊。"不一会儿，打扫卫生的同学们就不得不跑出教室，避避灰尘了。

"哎哟，你可真是千金小姐啊，连地都不会扫，算了算了，你放着我来吧，你这是要埋了我们大家啊。"

好不容易找到事做，又因为自己的业务不熟练而"丢了工作"。教室大扫除，琦琦却跟个没事人一样闲待着，不是因为她懒，而是因为几乎她插手了就是在帮倒忙，大家索性不让她动手了。"我真没用，什么

◎ 第二章 教导孩子在"认识自我"中开始情商之旅

事都做不好。"琦琦难过地想。

"我干不了什么，那我打打下手总行了吧。"为了帮到大家，琦琦主动帮擦玻璃的同学拿抹布，又倒了垃圾，也跑了好几回。不过，她始终都觉得自己没做什么有价值的事。

失落的琦琦向妈妈求助："妈妈，我是不是很没用啊？什么都不会做。"

"谁说的啊，你怎么会没有用呢。"妈妈笑着说。"可是今天大扫除，我什么都做不好。别人会做好多事，我就觉得自己很碍事，没有一点价值。现在想想，我在家也是，都很少帮忙做家务。你说我还有什么价值可言呢？"琦琦难过地说。

"怎么会呢？琦琦在家可以帮妈妈做很多事了，比如买东西、做家务，很多很多啊。重要的是，琦琦陪着妈妈，妈妈很开心啊，琦琦是家里非常重要的一个成员，你怎么说自己没有价值呢？你在班里肯定也是，每个人都有自己存在的意义和价值。"妈妈一本正经地对琦琦说。

"嗯，我今天还帮同学递东西、倒垃圾，我也出了力呢。"听到这里，琦琦骄傲地说。

"没错，那你就更不能说自己没有价值了。天生我材必有用嘛！"妈妈和琦琦都笑了。

上述案例中的琦琦因为觉得自己在大扫除的时候没有帮上什么忙，所以认为自己在班里是一个没有价值的人，进而联想到自己在家也没有帮到妈妈太多，更加否定了自己的价值。当她把自己的苦恼告诉妈妈时，妈妈却让孩子认识到自己是很有价值的一个人。妈妈是对的，正如她所说的"天生我材必有用"，每个人都有自己存在的意义和价值。所谓的人的价值，在哲学中有个结论，叫作"一切价值都是人的价值"。这一结论的意思是，人是一切价值产生的根据、标准和归宿，是价值的实现者和享有者。换句话说，没有人也就没有价值，所以任何一个人都有其天生的价值。从个人而言，一个人的价值就是被需要，能够对别人有所帮助，这就是一个人的价值，也是其存在的意义。

价值是人类对于自我本质的维系与发展，为人类一切实践要素的本体，包括任意物质形态。价值是定义人本身存在的核心概念，也是人这一存在与发展的本质。人是群居的社会动物，人的生存与发展不能脱离群体。如果人可以意识到自己存在的价值，那么他对生活也就会充满热情和信心，比如积极地帮助别人，希望通过自己来对别人造成一些积极的影响等。这样的生活也会充满希望和憧憬，会生活得很充实、很幸福。相反，如果一个人意识不到自己的价值，那么就会失去努力的动力和热情，对任何事都抱着一种无所谓的态度，这样对于别人和自己都是没有益处的。久而久之，就会被这个社会淘汰。所以，家长要让孩子意识到，自己是一个很有价值的人。这里有几点建议供大家参考。

1.家长要相信孩子

人们普遍认为，正确的东西是有价值的。如果一个孩子总是被家长否定，自己说的话、做的事，家长也不相信，对孩子的指责多于赞扬，这样会让孩子对自己失去信心。既然自己做的事都是错的，那么还有什么价值可言呢？孩子成长最根本的力量源自家长的信任，家长对孩子的相信可以给孩子一个稳定的成长环境，让孩子前进有动力，受挫有港湾。这种信任增强了孩子的自信，可以帮助孩子找到自我价值。

2.家长要给孩子展现价值的机会

家长只强调孩子的价值，而不给孩子表现的机会，让孩子觉得他对别

◎ 第二章　教导孩子在"认识自我"中开始情商之旅

人而言一点作用都没有，换句话说，就是对别人没用。这种只索取却无法给予的感觉，会让孩子很受挫，降低孩子的"存在感"，对孩子理解自身价值是没有用的。所以，家长要给孩子展现自我价值的机会。比如让孩子做做家务，并且用语言表达出自己的感觉，例如："今天帮妈妈干了很多家务，多亏有你帮忙，我才能这么快做完啊。"这样简单的一句话，就可以给孩子传递出一个重要信息：我可以帮助大人了，我也为这件事出了力！于是，孩子就会意识到自己的价值，慢慢地也会形成一种责任意识。

3.家长要尊重孩子的意见

当孩子发表意见时，有些大人会说："去，小孩子懂什么！""大人说话不要插嘴，小孩子只要听话就行了。"然后给孩子安排好一切，只要孩子照做就行了。这样的做法是不正确的。家长要尊重孩子的意见，保证孩子的话语权，让孩子觉得自己说话是有分量的。不管孩子的意见是否正确，都要耐心地听孩子说完，尽量不要用敷衍的态度，注意说话的语气和方式，不要不等孩子说完就一概否定。给孩子一个民主的家庭环境，也让孩子意识到自己对家庭的作用，出于这份对家庭的责任感，自己能够自律、自强，不断地提升和完善自己。尊重是对一个人价值的肯定。家长对孩子的尊重体现在尊重孩子的表达权、知情权、隐私权、参与权等，这些都是对孩子价值的尊重和肯定。

每个孩子都应了解自己、接纳自己

新学期开始了,按照惯例,每个班级要选举班委会成员。小可本来打算在这学期也要竞选班干部的,可是整个竞选班会上,他却一直没有发言。

老师宣布开始后,小可就跃跃欲试,可是他心想:"我不要做第一个吃螃蟹的人,还是过会儿再去吧。"不一会儿,很多同学都上去了,大家都在演讲中说着自己的优点,表示着自己的决心。小可在心里嘀咕:"我上去该说什么好呢?我有什么优点可以说呢?"

就这样,在他的嘀咕和迟疑中,同学们一个接一个地上去了。直到班会结束,小可都没有下定决心。

他很失落地回到家里。对妈妈说:"妈妈,我们今天竞选班委了。"

"哦,那你有没有竞选职位啊?"妈妈问他。可是小可却低声说:"没有。"

"为什么呢?"妈妈反问道,"你应该去参加一下,这是一个很好的锻炼自己的机会。"

"我知道,可是老师说,竞选演讲要举出自己的优点,说说对自己的评价,要拿出自己可以胜任的理由。我……我不知道该怎么说。我觉得找不到自己的优点。"

◎ 第二章 教导孩子在"认识自我"中开始情商之旅

"怎么会找不到呢?每个人都有自己的优点和缺点,我们要能够认识到并且要接受。好的,我们继续保持,而做得不好的方面,我们努力改进就是了。那现在,我们来看看你有什么优点和缺点好不好?"

"嗯,好。"小可高兴地答应了,他还从来没有认真想过自己的优点和缺点呢。

妈妈找来一张白纸,从中间画了一条线,将它一分为二,然后对小可说:"现在你来想想,边思考边写。把你的优点写在这张纸的右边,缺点写在左边。开始吧。"

小可动起手来。他还是第一次这么认真地审视自己。大约半个小时过去了,一张纸上写满了字。"真想不到啊,我竟然有这么多优点和缺点的。"小可看着纸,忍不住惊叹道。

"是啊,现在你该对自己有个了解了吧?知道了自己的优缺点,那么你还有没有信心参加竞选呢?"妈妈说。

"有!"小可胸有成竹地说。"下学期,我一定要去参加竞选,我还要好好改掉这些缺点。"他信誓旦旦地说。

上述案例中的小可在竞选时因为不了解自己的优点和缺点而对自己没有太大信心,因此错过了竞选。聪明的妈妈却帮助他巧妙地解决了问题。让孩子在纸上写下自己的优缺点,这确实是个不错的办法。孩子在思考的过程中会变得理智和客观,这个过程是孩子认识自我的过程,对帮助孩子真正了解自己、树立信心、找到努力的方向是很有帮助的。一个连自己的真实水平和内心都不了解的人,是无法对自己作出正确的判断的,也就无法意识到自己的问题,找不到改进的地方和努力的目标,从而发现不了自己最擅长的方面。这样对自己的人生方向的选择是很不利的。只有充分认识自己,才能做到客观确切的自我评价。自我评价是人的自我概念的重要内容之一。它对人的自我发展、自我完善、自我实现有着特殊的意义。自我评价也具有重要的社会功能，极大地影响着人与人之间的交往方式，也决定着一个人对待他人的态度，还影响对他人的评价。

正确的自我认识和自我评价能够帮助孩子成为一个社会人，树立健康的人生观和价值观，也会促进孩子积极进取，往好的方面发展。这种积极的力量还能帮助孩子克服对自己的负面评价所带来的影响。所以，家长要帮助孩子正确全面地认识自己，既要看到自己的优点，也要看到自己的缺点。这里有几点建议供各位家长参考。

1.教孩子学会接纳自己、面对自己

一个人要想认识自己，首先要能够接纳自己，这种接纳就是全盘接受，不管自己做得对错，统统当作自己身体的一部分那样接纳，这样才可以看到一个完全的自己。要想认识自己，就敢于面对真实的自己，在一个人未接纳自己之前，无论是否明确动机、设定目标、积极思考，都不会努力工作。因为在成功、快乐属于自己之前，自己必须先觉得这些事情很值得。具有不良的自我认识的人，容易看到自己是为其他人工作，而不是替他自己工作。所以，家长第一步要教孩子接纳自己，承认自己，敢于面对自己。

2.教孩子学会客观评价自己

古语有云："以人为镜，可以明得失。"别人的评价就像一面镜子，清晰地反映着一个人的言行举止是否得当。看到"别人眼中的自己"，对认识自己是很有帮助的。可惜，要做到这一点是困难的，自私是人的天性，人们很容易"屏蔽"别人对自己的评价中不好的那部分。所以，家长要教孩子试着用旁观者的态度来审视自己，要能接受不同的意见，尤其是不好的意见，学会用客观的态度来评价自己。这样对认识自己，尤其是认识自己的缺点是非常重要的。

3.教孩子用正确的评价来鞭策自己、激励自己

之所以要让孩子认识自己，是为了让孩子能够保持自己的优势，及时弥补自己的不足，最终目标都是为了孩子能够有更好的发展。所以，当孩子看到自己的优点时，要告诉孩子继续保持，还要努力做到更好，还有重要的一点就是不能骄傲。骄傲使人退步，不能因为自己的优点就沾沾自喜。对于优点，要继续保持；对于缺点，就要及时补救了。一个人能够认识自己的缺点就是一大成功，如果能够正确对待并且下决心及时改正，那就是非常成功的。自己的意识就是鞭策自己的最大动力，也是最有效的良药。可以说，一个人的自我认识和评价对成功有至关重要的作用。只要自己认为自己是个有价值的人，那么就会努力当个有价值的人。这个过程是改进的过程，也是奋斗的过程，最终是走向成功的过程。"知耻后勇"，只有在充分认识到自己的优点和缺点的前提下，孩子才会找到更适合自己的人生之路。有了正确的方向，成功的概率也会大很多。

允许孩子有个性，但不可唯我独尊

卢刚从小成绩优异，天赋异禀，在各种竞赛中屡屡获奖，从小被各种各样的夸奖围绕。但是这也造就了他以自我为中心的人格。卢刚出生于北京一个普通的工人家庭，从小就因优秀的表现接受了太多的荣耀，总是觉得自己比别人强太多，听不进去别人合理友好的建议，在某些事

情上过度苛责，处理问题不是对就是错，过于极端。在生活与学习中总是唯我独尊，不善于与他人相处，建立友好的关系。

后来，卢刚考入北京大学，并于1985年公费赴美留学，同去的还有他的同学山林华。山林华是一名安徽农村出身的青年，人缘相较于卢刚好很多，人也活泼开朗，成绩优异。

两人师从艾奥瓦大学的著名天体物理学家戈尔兹教授，攻读天体物理学专业。1991年，两人获得了物理学博士学位。当时，卢刚仅28岁。在1991年11月1日下午，卢刚持左轮手枪射杀六人，四死两伤，其中包括他的导师与他的同学山林华。当时，山林华的博士论文获得了最高奖学金，并被导师推荐参加校最佳论文的竞选。而卢刚的论文没有获奖，并且他还没有找到满意的工作。

山林华打破了卢刚一直以来保持的优秀纪录，最终导致了震惊世界的"卢刚事件"。

卢刚从小天赋异禀，被夸奖围绕，习惯以自我为中心。这种思维方式没有及时得到纠正，最终酿成了惨案。天体物理学界失去了两个优秀的年轻人，事件中所有受害者的家人也饱受痛苦。

卢刚事件给了人们深刻的教训，纠正孩子以自我为中心的思维方式是非常重要的。当孩子不再以自我为中心时，孩子在人际交往中就会变得友好，懂得照顾别人的感受，获得更多的肯定，心理上得到满足。这样形成了良性的循环，对孩子未来的发展有着很大的好处。

孩子以自我为中心的特征还容易表现为：占有欲强，自尊心容易受损，常常不勇于承认自己的错误，在人际交往中过于霸道，等等。幼儿初期都会有以自我为中心的心理，这种心理会慢慢消除。但是如果持续了一段时间，

◎ 第二章 教导孩子在"认识自我"中开始情商之旅

孩子的这种心理还没有得到改善的话，家长和老师就该引起足够的重视。下面就如何预防孩子以自我为中心列举几条可行性建议给家长参考。

1.让孩子多参加集体活动并积极赞美他人

家长应该让孩子多参加集体活动，告诉孩子要善于发现别人优秀的品质。孩子们在集体活动中可以学习到很多东西，比如在与小伙伴玩游戏时，可以学会分享，照顾他人，欣赏他人的优点。当小伙伴获胜的时候，要夸奖别人，多学习别人的长处。不要让孩子养成事事争第一的意识。这样，孩子就不会把注意力老是集中在自己身上，从而预防孩子以自我为中心。

2.家长不要事事以孩子为中心

在孩子人格形成的过程中，家长无疑是最为重要的影响因素。因为大多数的家庭都是独生子，所以很多家长对于孩子的要求都竭尽所能地满足。并且，为数不少的家长认为：孩子还小，满足他的一些小小的要求对他没什么不好的影响。将来等他长大了，自然就明白道理了。这样的想法是错误的。

一味满足孩子的要求，孩子就会从心理上觉得自己是生活的中心。当他养成这样的思考方式的时候，一旦他的要求得不到满足，他就会表现出不满、焦躁，甚至有的孩子会使用暴力手段去解决问题。所以，家长对孩子的要求要合理地满足，不能事事以孩子为中心。

另外，以自我为中心的孩子自尊心容易受挫，具体表现在面子问题上。他们不好意思当着众人的面承认自己的错误，即使知道是自己不对，也不肯轻易道歉。对于这样的问题，家长应该给孩子讲述"勇于承认错误的孩子是好孩子"，让孩子认为这样的行为是很勇敢、受欢迎的行为。当孩子有了这样的意识之后，他们在生活和学习中就会约束自己。

3.让孩子学会分享

孩子以自我为中心的一个典型特征是占有欲很强。只要是自己想要的东西，就想据为己有，如果有人想要拿走，孩子就会表现出强烈的不满情绪。当家长看到自己的孩子有这样的行为时，可以及时采取措施。

此外，孩子之所以会形成以自我为中心的人格，是因为他不知道自己的行为会给别人带来什么后果。家长和老师可以引导孩子站在别人的角度上思考问题，学会换位思考。这也是一种可行的方法。

丁丁是家里的独子，今年四岁。一天，三岁的诺诺来找丁丁玩。

刚开始，两个人玩得很好。突然，妈妈听到了诺诺的哭声，便放下手中的东西，询问丁丁和诺诺发生了什么事情。

原来是诺诺和丁丁玩小火车时，丁丁喜欢诺诺手中的小火车，非要和诺诺换，诺诺不想换，丁丁就动手打了诺诺，一把抢过了小火车。

妈妈后来逐步纠正了丁丁占有欲强的不良习惯，在玩游戏时，让丁丁体会到分享的乐趣，并且对丁丁犯的错误给予惩罚。丁丁现在乐于和小伙伴们分享自己的玩具和零食，也不再动手打人了。

孩子表现出的霸道，本质上是喜欢，因为喜欢，所以不想和他人分享，得不到就使用"武力"。只要及时给予纠正，孩子就会逐步改掉以自我为中心的习惯。

第三章 帮助孩子学会管理自己的情绪

◎ 第三章　帮助孩子学会管理自己的情绪

别让抱怨成为孩子成长的拦路虎

"都是我，我怎么这么笨，怎么总是做不好！"看着"大战半天"依然无果的数学作业，笑笑急得快要哭出来了。

虽然名叫笑笑，可是名不副实。只要遇到一点事，她就像热锅上的蚂蚁。她有个最大的特点，就是喜欢抱怨。比如上学迟到，她就抱怨闹钟没有按时工作，或者爸爸妈妈没有叫醒她；考试没有考好，就抱怨题太难；作业不会做，就会说老师讲得不够细致；好不容易将目光放在了自己身上，就又说是自己太笨。由于她总是怨这怨那，同学们还送了她一个外号："小怨妇"。

星期天，笑笑和朋友约好去新建的植物园。一大早起床，笑笑就发现天气不是很好。"真讨厌，这样的天气让人怎么出去玩啊！"拉上窗帘，她又回到被窝里。"待会可能会下雨吧？这样的天气索性就不出去了吧？"于是，她打电话，借口今天有事就没有去。

"昨天的植物园真有意思，我们去的时候正好赶上花都开了。"

"是啊，多好看啊，昨天的野餐也很好呢，我们自己做的味道都不错。"

星期一，听着朋友们的议论，笑笑心里是既后悔又生气，可是她抱怨的毛病又犯了。

"都是你们,怎么也不叫我!"笑笑抱怨道。

"不是你说自己有事不来的嘛!"跟她们同去的小雅奇怪地说。

"那你们后来也不应该自己去不叫我嘛!"笑笑虽然知道是自己的问题,可是她还是免不了要抱怨别人几句。

"明明是你的错,你还要抱怨别人!你可真是个小怨妇!"几句话,笑笑就和几个好朋友生了气。

"你们怎么可以就这样跟我生气?真是的,都怪那天的天气……"瞧,笑笑爱抱怨的毛病又开始犯了。因为她的抱怨症,同学们都不喜欢跟她交往了,笑笑也因此变得更加爱抱怨了。

上述案例中的笑笑有个不太讨人喜欢的习惯——爱抱怨。因为抱怨,她也失去了良好的人际关系。其实,抱怨反映出的是一种生活态度,而且是一种消极的态度。抱怨不仅仅会影响人的心情,还会影响甚至伤害人的大脑。有国外的神经科学家与心理学家进行研究,对一些面临各种刺激(包括长时间的抱怨)的人进行大脑活动分析后发现:大脑的工作方式就像肌肉一样,如果让它听到了太多负面信息,很可能导致当事者也会按照消极的方式行事。更糟糕的是,长时间暴露在抱怨环境中还会使人变得愚蠢和麻木。出现这样的原因是因为情绪有一定的感染性,在听到抱怨与牢骚时,人们在大脑中会出现共鸣,从而也会出现一些不良的情绪,导致影响大脑的思维。

很多人喜欢抱怨,其实是为了发泄自己的不满情绪,或者可以说为了解决问题而出现了这样的情绪。有时候也是为了逃避当前的问题,把问题丢给别人。但需要注意的是,抱怨往往解决不了任何问题,只会把问题变得更加棘手,负面的情绪反而波及面更广了。长此以往,别人对自己的印象就是爱抱怨、不会解决问题,人际关系自然就会受到影响。这种情绪还会让孩子的性格也变得悲观，思维能力和解决问题的能力也会受到影响。所以，当孩子出现喜欢抱怨的情绪时，家长要及时帮助孩子，让他们告别抱怨与悲观，用积极的态度来应对人生中的问题。这里有几点建议供各位家长参考。

1.教孩子远离抱怨

情绪是会传染的，和快乐的人在一起，自己也会变得快乐；和悲观的人在一起久了，自然也会变得悲观起来。抱怨亦是如此。所以，要想孩子告别抱怨，就要防患于未然，让孩子远离爱抱怨的人，避免孩子被这种情绪传染。除了被动地躲避抱怨情绪的传染源，家长更重要的是要教会孩子当个乐观快乐的人。乐观积极就是抵制抱怨悲观的抗体，只有孩子自己是个快乐向上的人，才不会被抱怨的情绪影响，还可以把快乐的情绪带给别人，传递正能量。

2.教孩子正视自己，学会解决问题

抱怨情绪出现的很大一部分原因是孩子在发泄自己的情绪，有时候甚至是为了安慰自己的心情而用抱怨的方式把过错推到别人的身上，找个借口，让自己情绪能够好点。家长要教孩子敢于正视自己，尤其是自己的错误，要勇于认错，不推卸责任，敢于承担，这对孩子的人际关系交往是一个很好的推动力。当孩子遇到问题时，首先要想到的是如何解决问题，而不是先抱怨为什么要产生问题。要主动思考解决的办法，而不是把问题推给别人。当一个人致力于如何解决问题时，他也就没有时间抱怨了。

3.教孩子学会换位思考

当孩子因为一件事大肆抱怨时，不妨教孩子冷静一下，试试换位思考，即想象别人也是这样抱怨自己或冤枉了自己，那么自己的感受又是如何。古语有云："己所不欲，勿施于人。"负面的情绪对别人的伤害是很大的，也许是无心之过，也会让好朋友反目成仇。与人交往，控制好自己的情绪非常重要，而换位思考更有助于孩子理智思考，更好地控制自己的情绪，尤其是对抱怨的情绪。家长要教孩子把好抱怨情绪这一"关"，不要轻易让抱怨之心脱缰。祸从口出，有可能自己不经意的一句话就会伤害亲近的人，给陌生人留下不好的印象，像开篇案例中的孩子笑笑被叫作"小怨妇"，这样就不好了。所以，教孩子不轻易抱怨，保持理智，控制自己的抱怨情绪。

每个人都会有情绪激动的时候，人难免会在情急之下干出一些不太理智的行为，比如发泄自己的情绪。情绪激动没有任何错误，是人之常情，人的情绪本身也是需要排遣的，但是要注意用正确的方式。抱怨既不能解决问题，也不能让人身心愉悦，只会加重负面情绪，让自己成为一个充满负能量的人。所以，家长要教孩子避免抱怨成习惯，不要让抱怨成为孩子成长路上的拦路虎。

家长笑起来，让孩子不再悲伤

夜已经深了，璐璐还在灯下奋战着。对于即将到来的期末考试，璐璐十分担心，总觉得自己的准备还不够充分，担心自己考试会失利，所以原本成绩就不差的她现在更是挑灯夜战了。

"怎么办，还有这么多书还没复习呢？"

"哎呀，这回完了，我竟然连这么简单的题都不会做？"

"知识点都忘了，这样可怎么考试啊！"

看着眼前的一摞书，璐璐有点手忙脚乱、顾此失彼了，这让原本担心的她更加有点手足无措。

"璐璐，这么晚了，早点睡吧，明天还要上课。"妈妈见灯还亮着，进来劝璐璐说。

"不行啊，妈妈，我还要复习呢。快考试了，复习不好怎么行呢。你看看，我还有这么多题没做，这么多书没看。我真是对这次考试一点信心也没有。"璐璐地说。

"不会的，你平时学得也不差，再说也只是一次平常考试，你不用太紧张，用平常心对待就行了。这样焦虑反而会影响发挥的。"妈妈继续劝说道。妈妈也是为了安慰璐璐的悲观情绪。

"对啊，我就是怕发挥不好啊。万一有什么情况呢？我怕自己会忘记知识点、突然不舒服、发挥失常，考试失利啊。"璐璐一脸的担心，好像自己说的都是事实一样，而她也总是被自己的想象搞得担惊受怕。

"没事，不要多想了，"妈妈笑着说，"你说的这些都有可能，但只是有可能而已啊，又不会一定就会发生。你就不要用这些想象来吓唬自己了。早点睡，明天又是新的一天，不要担心了，车到山前必有路。"妈妈好说歹说，终于劝璐璐上床休息了。可是孩子的悲观情绪却让妈妈更加头疼。这几天，孩子已经明显有些焦虑憔悴的样子了。如此心态的孩子，考试万一真的失利，岂不是要更加悲观了？

看着睡梦中眉头都紧皱的璐璐，妈妈开始为她的悲观心态担心。

案例中的璐璐对考试这件事抱有很悲观的想法，她所假想的状况都是不好的、不利于自己的，总是在想出现不好的情况该怎么办。用一个成语来形容她，就是杞人忧天。这种悲观的心态让孩子整天处于担忧的状态，她所想到的都是一些不好的结果，心情也受到这种悲观情绪的影响。悲观可以说是一种消极的情绪，它对人体有很多负面影响。比如会影响人的食欲、破坏人的心情、降低人的思维能力，容易让人产生焦虑、烦躁、不安的情绪。如果过度悲观而又得不到很好的调节，会引发抑郁等心理疾病，过度悲观会对人际关系的处理有消极影响。恐怕没有人愿意和一个整天怨天尤人、自怨自艾的人来往亲密吧？而且，悲观的情绪不利于人们思考和解决问题，遇到问题只会往最坏的方面设想，而看不到一丝希望，解决问题的思维受到限制。

生活在悲观中的人是没有乐趣可言的，因为他们忽略了生活中很多很美好的事物。有句话叫："生活中不是缺少美，而是缺少发现美的眼睛。"而一个悲观的人的这双"发现之眼"是被负面情绪蒙蔽了的。要想拥有快乐美好的生活，首先就要告别悲观，有一个快乐的心态。每个人都会遇到不如意的事。孩子由于年龄和阅历的限制，心理还不够成熟，有时会陷入悲观之中。作为家长，要能够帮助孩子消除这种不良情绪，帮助孩子快乐健康地成长。这里有几点建议供各位家长参考。

1.给孩子一个乐观的家庭氛围

环境能够影响并且改变人，对于情绪的影响更是如此。如果孩子在一个乐观向上的家庭环境中成长，那么孩子的性格中自然而然就会带有乐观的色彩。家长在孩子面前就要当一个乐观积极的人，不在孩子面前抱怨生活，也不轻易发牢骚，不让孩子被这种悲观的情绪影响。家长也可以给孩子讲一些自己亲身经历过的事情，或者讲一些有关乐观情绪的故事，以此来鼓励孩子保持乐观的心态。孩子由于阅历年龄有限，对很多事情没有足够的经验，容易放大事态，有时候一件小事也容易想象得过于严重。家长这时候就要用自己的经验来帮助消除恐惧，消除悲观。

2.教孩子积极应对问题

悲观有时候并不完全是件坏事。悲观情绪的产生，有时候是由于自身的不自信，对事态的估计往往会向坏的方面设想。但是这样的情绪也会提高人的防备，而过于乐观的估计往往容易让人掉以轻心，以至于准备不足。那么，事情的结果往往是糟糕的。所以，家长可以允许孩子用悲观的眼光来看待问题，但是不能让孩子采取消极的态度来对待问题，悲观不作为的方式是不可取的。结果可以往最坏的方面想，但是正因为如此就要做最充分的准备。这样，结果就不会太坏。有了好的结果，孩子的悲观情绪也会减弱。教孩子不打无准备之仗，悲观可以有，但是不可以消极不作为。

3.教孩子用合理的方式调节悲观情绪

悲观情绪的产生，有时候是孩子低估了自己的能力，对自己没有足够信心；有时候是孩子夸大了事态，对事实的分析不够准确。不管是何种原因，都可以看作是由于孩子的认识程度不够。所以，家长就要教会孩子学会自我分析，正确评估自己的能力，也要对自己抱有信心。除了对自己的评估，孩子也要对事态有较为准确的判断，不能过度夸大事情的严重性，加重悲观情绪。当孩子出现悲观的情绪时，要及时排遣调节，而不能置之不理或任其压在心里。教孩子学会用合理的方式宣泄情绪，比如向家长或好朋友倾诉、运动或记日记都可以。家长要教孩子注意的是方式的恰当性，不能够对别人造成伤害或困扰。其次就是如果选择倾诉，就不要倾诉过度。倾诉过度容易给人一种悲观主义者的印象，而且会把这种消极的情绪传染给别人。家长要教孩子学会控制和调节悲观的情绪，要让孩子看到生活中还有很多美好的事物，要对生活抱有希望，这才是根治悲观的良方。

愤怒会左右孩子的理智

聪聪和明明是一对表兄弟。表哥聪聪比表弟明明大两岁，相差不大的年纪让两个孩子平时很玩得来，再加上家里又相距不远，两个孩子就经常在一起。

"我要这个，这个给我搭！"表弟明明看着表哥手里的积木，喜欢得不得了，就想拿过来显示一下自己的建造水平。

"你先等等，这个应该是这样的。"表哥聪聪这儿搭积木搭得起劲，怎么能让表弟破坏自己的大作呢？

表弟见表哥不理自己，心里很不高兴，站起来，生气地对着表哥说："你给我！你给不给？"

聪聪没理会他，自顾自地玩着。

突然，眼前的积木城堡轰然倒塌，

聪聪生气极了，明明手叉着腰趾高气扬地站在表哥对面，说："叫你不给我玩，哼！"

聪聪一生气，冲过去就和表弟扭打在一起，闻声进来的爸爸妈妈看见这一幕，连忙将两个孩子拉开，聪聪的妈妈更是生气，冲着聪聪就是一巴掌，说："你怎么能以大欺小呢。太不像话了！"

爸爸也趁机教训起聪聪来了："你太不像话了！这要是把表弟哪里打坏了怎么办？当表哥的怎么不知道谦让呢？"

聪聪觉得很委屈，爸爸妈妈一句话不问就教训起自己。他愤怒地看着眼前大哭不止的表弟和围在他身边小心哄着的妈妈爸爸，更是有种怒火中烧的感觉。不过，他一句话都没说。

看着聪聪沉默的样子，爸爸妈妈以为他是觉得自己做错了事才这样，看了看他就出去了。

谁知，他们刚一出门，就听见房间里"啪"的一声，然后传来了明明更大的哭声。

原来，聪聪怒气未平，把手里的积木扔向了明明。不过还算幸运，积木又轻又小，表弟并无大碍。

看着生气的聪聪，爸爸妈妈真是不敢相信他会变成这个样子。

案例中的聪聪因为游戏中的一点小事和表弟明明起了争执，和表弟打架其实并不是让他最愤怒的事，而是爸爸妈妈的态度给他心里的怒火浇了油。在这件事情上，看似是孩子们的"斗争"，其实让孩子的情绪失控的是爸爸妈妈没有注意到孩子的情绪变化，没有及时帮助孩子平复愤怒的心情。加上之后对两个孩子的态度让聪聪觉得自己受了委屈，不被重视，加重了愤怒，最终爆发。

愤怒是因极度不满而导致情绪激动，有时候让人激动到极点。愤怒在人的成长过程中是出现比较早的情绪反应之一，在孩子三个月大的时候就已经出现了。幼儿愤怒的表现形式有大哭、手足舞动等。随着年龄的增长，由于愿望不能达到或与同伴争吵，也常引起愤怒。在成人身上，愤怒依赖于人已形成的道德准则，常属于道德的范畴。愤怒有程度的不同，从轻微不满、生气、激愤到大怒等。愤怒的强度和表现与人的修养有密切关系。愤怒是一种消极的感觉状态，一般包括敌对的思想、生理反应和适应不良的行为。当人的情绪处在愤怒中时，人会变得比较冲动，作的决定往往都是不理智的。

愤怒情绪的影响也并不是短暂的，会在较长时期内对人造成消极的影响，比如让人精神不振、注意力不集中、做事效率低下等，一个容易愤怒的人的人际关系也不会很好。孩子的情绪控制能力不是很好，更加容易冲动。所以，家长要及时帮助孩子平复愤怒的情绪，防止孩子在愤怒时发生不理智的行为，也是为了帮助孩子调节情绪，保持健康的心理状态。这里有几点建议供各位家长参考。

1.分散孩子的注意力

据英国《每日邮报》报道，一组针对学生的压力实验表明，花时间集中注意力往往会让人们变得更为愤怒。人们常说的生气时从一数到十的方法实际上会让事情变得更加糟糕。美国俄亥俄州的科学家宣称，专注于自己的感受是生气时的最坏选择。"催生愤怒的情境下，最坏的选择恰是人们最普遍的选择，那就是试图通过集中注意力来理解自己的伤痛和愤怒。"沟通和心理学教授布拉德·布什曼表示，"过于专注于自己的感受，往往事与愿违。它将使人头脑中的进攻性想法和感受始终处于活跃状态，从而诱导激进行为的发生。"所以，家长平息孩子愤怒的第一步就是转移孩子的注意力，不要让他过度关注自己的愤怒或停留在愤怒的现场。

2.教孩子在每个愤怒的决定后面问一句"应不应该"

孩子的情绪处于愤怒的状态时，肯定会想出一些措施来发泄愤怒。比如和别人打架，他会有报复对方的方法。当孩子想要这样干的时候，家长要问一句"应不应该"。例如："他打了我，我就要再打他一顿。这样做应该吗？"这样的一个问句就能给孩子思考的时间，理智会让孩子冷静下来，回答"应不应该"。当孩子思考之后，就会删去那些"不应该"的办法。这叫作"应该删除法"。目的就是给孩子思考的时间，让孩子的理智苏醒，以免孩子作出过激行为。

3.家长不要给孩子的愤怒火上浇油

就像开篇案例故事中讲述的情况,爸爸妈妈没有注意到聪聪的情绪,安慰明明忽略了聪聪,却让聪聪原本愤怒的情绪恶化。对孩子情绪的变化,家长要问清原因,不能因为自己的主观判断而给孩子乱定罪名,这样会伤害到孩子的自尊,也会容易让孩子因觉得家长不重视或冤枉自己而更加失落,在给原本愤怒的情绪火上浇油。任何情绪的产生都是有原因的,家长要问清情况再说话。孩子的叙述过程也是理清思维的过程,这个过程可以帮助孩子从愤怒的情绪中平复一些。也只有知道了真实原因,家长才能对症下药,给孩子切实可行的建议,帮助孩子平复愤怒情绪。

孩子如果经常容易因为一些小事变得怒不可遏,那就要帮助孩子塑造性格、修身养性,让孩子更加理智更加成熟,学会控制自己的情绪,理性看待问题,也就不会那么容易动怒了。

不要让孩子的情绪因嫉妒而失控

美美是个漂亮的小姑娘。这不,今天她又穿了一件新裙子,刚穿到学校就惹得班里同学好一阵羡慕。

"哇,美美,你的裙子很漂亮啊,新买的吧?"

"当然了,这可是我妈妈出差从国外带给我的。"美美一脸神气,"哎,你小心点,别给我弄坏了。"

正当美美享受着班里同学的美慕和称赞时，邻座的嘉嘉来了。无巧不成书，嘉嘉今天也换了新衣服。"嘉嘉，你今天真不错哎。"

"呵呵，谢谢。"嘉嘉没有像美美那样趾高气扬，微微一笑就低下头做作业了。

"哼，神气什么。真是的，我的裙子才好看呢。"美美从来都是一个"不甘落后"的人，"有什么好的，我的可是从国外带来的，"美美故意提高声音说道。

"她就是嫉妒，真是的，总是见不得别人好。"

"就是，总是要把人比下去才甘心。真是的，还以为自己有多好呢！"

同桌的同学也提高了声音。美美听到她们的议论，心里很不自在。"我才不会嫉妒呢！"这是美美的精神胜利法。

"我们班的嘉嘉真是讨厌，买个新衣服都要显摆半天。其实她那件衣服，我看着真的不怎么样啊。"吃饭的时候美美跟爸爸妈妈聊天，不经意就说出了"困扰"了她一下午的问题。

"是吗？我看嘉嘉挺乖的啊，我跟她妈妈还是同事呢。"妈妈奇怪地说，"人家挺乖的一个小女孩，学习成绩也挺好，她不像是那么爱慕虚荣的孩子啊。"没想到妈妈还把她夸了个遍，美美这下子心里不舒服的劲又上来了。

"什么啊，她哪里好了，明明既自负又虚荣的，成绩好？也不见得她是班里的第一名吧？"

听着美美的话，妈妈很不开心。"美美你怎么能这么说呢？你这是嫉妒心理，你这样可不是什么好习惯！"

美美很不高兴。她始终都不认为嘉嘉有什么比她强的。

◎ 第三章　帮助孩子学会管理自己的情绪

案例中的美美对别人的优点满不在乎，甚至挖苦讽刺，不允许别人有比她出色的地方，这些都是孩子有嫉妒心的表现。嫉妒源于人的自私，对一个的人的成长可以说是有弊无利。首先，嫉妒心强的人气量狭小，当面对比自己能力强或是物质条件比自己优越的人时，会情不自禁地产生嫉妒心理。嫉妒心会阻碍孩子的进步，让孩子把过多的精力放在和别人攀比上，就不能集中注意力完善自身。容易嫉妒的孩子，自己的情绪也会经常处于焦虑、生气、抑郁等消极状态中，这对学习和生活是很不利的。嫉妒心对人际关系交往也是一大障碍，会让孩子对人抱有偏见，对人恶语相向、讽刺嘲笑、搬弄是非、骄傲自大、喜欢炫耀，而这些都是人际交往中的大忌。

嫉妒的危害在生理上也有表现。《黄帝内经·素问》明确指出："妒火中烧，可令人神不守舍，精力耗损，神气涣失，肾气闭塞，瘀滞凝结，外邪入侵，精血不足，肾衰阳失，疾病滋生。"由此可见，嫉妒还会使人生病。嫉妒心理会遮挡一个人的目光，让孩子看不到别人的优点和自己的缺点。长此以往，孩子无法进步。嫉妒也是在给自己的心理无端施压，试想，整天活在别人的影子之下，时时想着超越别人，不允许别人比自己优秀，这样的生活又怎么会有轻松和快乐可言？在孩子成长的道路上，嫉妒是要不得的心理。家长要让孩子学会不嫉妒别人。这里有几点建议供各位家长参考。

1.教孩子要有气度

嫉妒是气量狭小的表现，要消除嫉妒心理，就要克服自己性格上的缺点，改变自己的小肚鸡肠。培养孩子的大气度，家长要从小抓起、从小事抓起。现在的孩子，独生子女居多，在家备受宠爱，有的孩子甚至是说一不二的"小皇帝""小公主"，容不得别人比自己好。家长需要注意的是，孩子可以宠爱，但不能溺爱，平时夸孩子也要适度，不能夸大其词，以免让孩子生出骄横之心。教孩子多与别人来往，让孩子学会接受比自己优秀的人，也要学会向比自己优秀的人学习。说到底，这是孩子见识宽度的问题。见多识广了，明白了"人外有人，天外有天"，孩子也就自然有了宽广的胸怀。

2.教孩子学会客观地评价自己

嫉妒心也是欲求不满所致，看到自己办不到或得不到的被别人办到、得到，自己心里自然就妒火中烧。所以，对自己的正确认识是克服嫉妒心的重要因素。家长要教孩子正确认识自己，客观评估自己的能力，不对自己提出不切实际的要求，树立一个切实可行的目标，然后脚踏实地地完成，这样就不会因为自己的盲目追求而产生嫉妒心理了。当孩子的嫉妒心理萌发或有一定的表现时，能够冷静地分析自己的心理和行为，同时对自己做出客观评价，积极主动地调整自己的意识和行动，从而控制自己的动机和感情。让孩子在对自己有一个准确定位后再重新看待别人，自然就有不一样的心态了。

3.教孩子把嫉妒变成动力

孩子嫉妒的一般都是比自己某方面更为优秀的人，既然孩子意识到了这一点，那么家长不如教孩子把这份嫉妒化作鞭策自己努力的动力，用自己的实际行动来超越别人。"以人为镜，可以明得失。"家长要教孩子从别人身上找到自己的影子，同时要从别人的身上找到自己的缺陷，明确努力的方向。嫉妒会让孩子失去理智，采取一些不恰当的方式来弥补不足，比如讽刺、搬弄是非甚至是一些过激行为。家长要教孩子把嫉妒变成前进道路上的正能量，用光明正大的方式来与别人竞争，要把更多的精力放在如何提高自己而不是如何贬低别人，要寻找别人的优点，看到自己的不足，取人之长，补己之短。这样才会到达提高自己能力的目的，也是嫉妒的正面作用。

孩子的嫉妒源于自己的内心，最终也要靠自己的意志去克服。所以，修身养性、改变自己才是消除嫉妒之心的根本所在。家长要致力于孩子的品格培养，提高孩子的情商，从根本上消除孩子的嫉妒之心。

孩子胆怯了，给他一点鼓励

雪莲在一所重点学校读书。在学习上和生活能力上，雪莲一直都表现得很出色，周围的亲戚朋友都夸奖她，她的家长也因为雪莲的优秀而倍感骄傲。

可是从五年级开始，这种感觉给雪莲造成了心理负担。雪莲开始要求自己做什么事情都要比别人强，一旦有其他的同学超过自己，她就非常难过。雪莲接受不了失败，习惯成功的她认为失败是一件很恐怖的事情。

随着年龄的增长，这种情况越来越严重。现在，每当雪莲考试成绩不理想的时候，她就用撕扯毛绒玩具等极端的方式发泄自己的情绪。这种方式让雪莲的家长很担心，害怕雪莲以后会因为无法承受失败的后果而发生更加过激的行为。

案例中的雪莲是一个独生女，从小在大人心目中就是优秀的孩子，特别看重第一名的位置。本来这是激发她努力向上的动力，后来却成了心理负担。当她很难缓解这种压力时，负气、自我折磨便成了发泄方式。雪莲以此来表达自己的不满，也是向家长表明自己的态度。如果这种情况没有得到缓解的话，孩子的心理会越来越脆弱，处理方式也会越来越激烈。这时，家长要及时帮助孩子缓解心理压力，可以多与雪莲探讨一些生活中的趣事和细节，减少对结果的评述。其次，当雪莲出现害怕失败的表现时，可以与雪莲共同讨论失败带给自己积极的意义，帮助孩子建立多角度看问题的思维习惯，以减少对结果的纠结。家长同时要具备一定的耐心，多给雪莲一些调整的时间。

如今，独生子女增多，孩子的活动范围减小是造成孩子胆怯心理的重要原因。对某些事物产生胆怯心理会影响孩子的身心健康，除害怕失败之外，还有怕黑、怕孤独、怕被欺负等种种表现。这些情况给孩子的日常生活带来不便，这些胆怯心理慢慢让孩子产生自卑的性格。自卑的孩子不爱说话，对生活没有希望，时间长了就会产生某些心理障碍，严重的时候可能导致孩子的心理疾病或精神疾病。

有的孩子在与人交流、适应黑暗等方面有胆怯心理。这个时候，家长可以多陪孩子进行一些尝试。家长在这个过程中需要一直陪在孩子的身边，给孩子提供支持。这是孩子最需要家长的时候，有家长就有安全感，就有尝试事物的胆量。当孩子经历了一次又一次失败的时候，家长需要给孩子以安慰，同时分析事情的特点，教给孩子处理事情的方法，比如帮助孩子找到事物的弱点，陪同孩子做一次成功的试验等。一旦树立起了孩子的信心，孩子的胆怯心理会减缓很多。

孩子有了成功克服胆怯心理的经历后，面对生活中的各种困难就有了信心。以下是帮助孩子学习缓解害怕和胆怯心理的方法，以供家长参考。

1.想办法让孩子变得自信起来

一般来说，胆小的孩子有自卑心理，认为自己不如别人，害怕说错话办错事。面对这种情况，家长要时常夸奖孩子，给孩子更多的关心和体贴。在家里，家长可以多鼓励孩子表现自己，例如表演唱歌、跳舞、背诵，说说学校发生的趣事等。孩子胆小内向，展现自我的机会相对少一些，家长给孩子多多创造表现的机会，往往可以培养孩子的自信心。家长还要经常与老师取得联系，了解孩子在学校的表现情况，交换教育心得，让孩子在家里和学校都能及时得到帮助和表扬。

2.培养孩子的一技之长

胆小内向的孩子，生活空间相对较小，这使他们的精力相对集中，观察事物仔细认真，做事情相对有耐心，喜欢作一些深入思考，而且往往感情细腻。家长可以充分利用孩子的这种气质，帮助并且鼓励他根据自己的喜好学习一技之长，例如书法、下棋、演奏等。这些特长成为孩子自信的源泉，帮助孩子不惧怕与人相处。

3.让孩子知道自己为什么会产生恐惧心理

孩子害怕某件事情时，家长要和孩子一起分析害怕什么，为什么害怕这个事情，事情的本质是什么，再寻找有效解决问题的方法。例如孩子害怕黑暗，就要让孩子说说处在黑暗的环境中时有什么样的感受，害怕的程度是什么，与孩子分析为什么会害怕这件事情，讨论有什么行之有效的方法克服这种心理。家长陪同孩子一起尝试方法，不断用语言和行动鼓励安慰孩子，直到帮助孩子克服恐惧。往往孩子在了解事物的本质之后，恐惧心理就会大大减弱。

4.尝试"示范脱敏法"

心理学上有一种最简单有效的舒缓恐惧的方法是"示范脱敏法"，就是让孩子能够感觉到安全的前提下逐步接近恐惧对象，逐渐消除恐惧心理。例如，孩子怕黑时，家长先抱着孩子或拉着孩子的手走过暗室，同时告诉孩子黑暗并不可怕。走过一两次，等孩子稍微减轻了恐惧，慢慢适应了黑暗的环境，家长改为和孩子一前一后并保持一定距离的方式通过黑暗。反复尝试，最后让孩子单独通过黑暗。经过这样的锻炼，孩子慢慢也就不再惧怕黑暗了。注意，当孩子表现勇敢时，家长要及时给予表扬和奖励。

第四章 指引孩子的情商在与人沟通中慢慢成长

◎ 第四章 指引孩子的情商在与人沟通中慢慢成长

告诉孩子,倾听是交流的催化剂

小胖在专心致志地画画,突然对妈妈说:"妈妈,我想要一套新的彩色铅笔。你买给我好不好?"

妈妈说:"你现在用的那套不是挺好的嘛,不买了啊。"

听了妈妈的话,小胖不开心了,把画笔一放,开始耍小脾气,还一直嚷嚷着:"买买买,我就是要嘛!"

妈妈在一旁耐心地说:"胖儿啊,咱不买了好不好?你这套也是新买的。"

可是,小胖根本不听妈妈的话,还在耍小脾气。

妈妈说:"胖儿啊,听妈妈说好不好?"连说了好几遍,小胖都没理睬她。等小胖自己闹够了,妈妈问:"胖儿,你为什么要买那个画笔呀?"

小胖说:"学校好多小伙伴都有,我也想要。"

妈妈说:"那我们明天去卖场看看是不是那套比你现在的这套好,再决定买不买,行吗?"

"嗯,好。"小胖答应了。

"那你现在穿好鞋,画完你的画,以后有事好好跟妈妈说,不闹了好吗?"

小胖马上找到自己的鞋子穿上,说:"好。"

小胖的案例说明,家长要学会和孩子沟通,与孩子站在平等的位置上聊天,尊重孩子的想法。要尊重孩子,家长就要倾听孩子的声音,了解孩子的感受。这样,孩子才愿意和家长敞开心扉沟通。

倾听是孩子必须学习的重要技能,它对孩子思维和智商的发展有着极为重要的作用。古往今来的杰出人物大多善于倾听别人的建议,比如日本的企业家松下幸之助。

家长应该在平时的生活中告诉孩子:"倾听是一种美德。善于倾听的孩子更容易理解他人的需求,与他人建立和谐关系。"一项科学研究数据表明:人们在日常交往活动中,听的时间占到了百分之四十五,说的时间占到百分之十。由此可见,让孩子学会倾听是非常必要的。心理学家曾说:"懂得倾听的孩子,人际关系会更融洽,因为倾听是一种含蓄地表达赞扬的方式。"

孩子的交往过程就是倾听与诉说。假如他想和别人畅通无阻地交流,就必须掌握倾听的技巧,学会如何去倾听。倾听有两个最关键的作用:一是可以掌握对方说的重要信息;二是可以表达自己对对方的尊重,促进彼此感情的交流,拓宽自己的人际交往圈子。

在这里,有几点建议供家长参考:

1.家长要倾听孩子的想法

家长要善于倾听孩子的想法,不管孩子说的是正确的还是错误的,家长都要倾听。正确的想法,家长可以予以表扬;错误的想法,家长可以予以纠正。通过倾听,拉近亲子之间的关系,这对家庭的稳固和孩子的健康成长有着极为重要的意义。倾听是了解孩子心理最有效的方式,也是培养孩子学会倾听的必要方法。

2.在游戏中提高孩子的倾听能力

倾听是现代社会的孩子必须具备的一项技能，家长在日常生活中必须刻意地去培养孩子倾听的能力，部分孩子在倾听的时候会注意力不集中，家长要注意观察。家长要告诉孩子，人与人之间的交流必然是要通过倾听来联系的，懂得倾听的孩子更容易获得他人的好感，交到更多的朋友。家长要端正孩子倾听时候的态度，让孩子懂得倾听是一种表达尊重的方式。练习的方法有：给孩子讲一个简单的小故事，然后让孩子找到故事中提到的物品。当孩子找全物品的时候，家长应该表扬孩子。倾听是孩子接触世界、表达自我的第一步，也是孩子接受、传递信息的重要手段。在游戏中提高孩子的倾听能力，是最有效、最简单的方式。

3.家长可以教孩子如何"插嘴"

在倾听别人说话的时候，只听不说也是不可取的。当孩子倾听其他孩子说话的时候，一言不发会让对方以为孩子根本没有在听。但是，孩子什么时候"插嘴"是需要学习的。"插嘴"的时候，孩子可以用询问的口气，也可以用肯定的语气。当对方情绪高涨的时候就要予以赞赏，有疑问的时候要给对方肯定的回答，不要顾左右而言他。另外，"插嘴"的时候不要让对方尴尬，最好不要涉及对方的隐私和一些敏感话题。

在倾听的过程中，孩子可以问对方擅长的问题，比如对方说到去某地旅游的事情，孩子就可以询问对方当地的小吃、最出名的景点及途中的逸闻趣事，这些都可以引起对方倾诉的欲望。接下来，孩子就可以静静地倾听了，这样做可以拉近彼此之间的关系，是一种极为巧妙的提问方式。这样做，孩子的倾听能力才会得到提高。

培养孩子在团体中的沟通能力

暑假,小月报名了野外夏令营。这个活动要持续一周。

第一天,大家找到了各自的营地,开始搭帐篷。好在爸爸教过小月如何搭帐篷。在小月的指导下,他们的帐篷顺利搭好了。

第二天,大家要出去寻找藏起来的食物。

小月说:"我们分几个小队吧,一些人找食物,一些人找柴火,一些人负责看守营地。你们觉得呢?"

舒雅说:"我不舒服,不想去,留在营地等你们吧。"

舒雅总是喜欢偷懒,每次干活她都找借口,大家见怪不怪,但都不开心。

大云说:"你怎么老是这样啊?每次都找借口,早知道就不带你来了。你知不知道,你这样很讨厌啊。"大云是个急脾气,有时候说话不太顾及别人的感受。一时间,大家没搭话。舒雅变了脸色。

小月说:"舒雅,大云是个直肠子,你别生气。如果你真的不舒服,你就在这等我们吧。但是我不希望你是找借口偷懒,毕竟这是集体活动。既然你选择和大家一起玩,就不应该偷懒,对吧?"舒雅低下了头。

没等舒雅说什么,大家就组建了队伍,出发了。

大云说:"我也知道我这人不太会沟通,可一时半会儿改不过来

◎ 第四章　指引孩子的情商在与人沟通中慢慢成长

了。舒雅实在是太气人了。老这样。"

小月说："嗯，我知道。但是大云，说话也要讲究艺术呀。"

上个案例中，大云心直口快，不懂得沟通的技巧，有时候会伤害到他人。生活中，这样的人不在少数。沟通时，语言婉转悦耳，事情就会完成得很顺利，反之就会受到阻碍。

沟通指在一个固定的环境下，孩子借助语言、符号、手势，向对方传达自己的观点。在这个过程中，孩子要理解对方的话，然后糅合自己的观点与对方进行交流。简单来说，沟通是一个交流并且交换信息的过程。

沟通的意义有以下几点：一、通过沟通，孩子可以获得自己想要的信息，顺利地完成自己的学习和工作任务。比如向老师请教问题。另外，孩子还可以通过沟通把自己的想法传递出去，让对方理解自己。二、改善孩子的人际关系。善于沟通的孩子，人际关系更和谐，遇到困难的时候会得到他人的帮助。

沟通是维系彼此感情的存在，孩子想要与他人顺利沟通，就要提高自己的个人修养，完善自己的知识结构。不擅长沟通的孩子不能与他人很好地协作。孩子不可能完全独立地生活，一定要和其他人有所接触。如果孩子拥有良好的沟通能力，就能收获理想的人生，获得幸福的生活。

在这里，有几点家教建议供家长参考：

1.帮助孩子划分沟通的对象

划分沟通对象的类型是良好沟通的基础。面对不同的沟通对象，孩子要采用不同的沟通方式。首先，对方的身份要弄清楚，是老师、长辈还是同学。然后，弄清楚这个人是什么性格，例如性格豪爽的人不喜欢拐弯抹角，与其沟通就要直接切入正题；性格温和的人说话较慢，语言比较婉转，孩子与其沟通就要放慢语速,表达委婉一些。

另外,孩子要清晰自己的沟通目标。比如和家长、同学沟通是为了促进感情,和老师沟通是为了学习。沟通的时候不要涉及对方的隐私,不要和对方发生冲突,有不同意见的时候要理清头绪,好好沟通。某些涉及个人私事的问题,在沟通的过程中不要刨根问底。

2.教孩子借鉴他人的沟通技巧

孩子会遇到形形色色的人,有擅长沟通的人,也有腼腆不善言谈的人。孩子可以学习他人的沟通技巧,并将之运用到自己与他人的沟通中。

擅长沟通的人,在沟通的过程中会察言观色,通过一些小细节了解对方喜欢的沟通方式,用对方喜欢的方式与他沟通会获得更满意的效果。学会沟通对孩子未来发展有极为重要的意义,擅长沟通的孩子,其成功的概率更大。

3.尊重对方

孩子的生活圈子一般都是一个小团体,要想在一个团队中沟通顺畅,就要做好准备。比如提前找一些有意思的话题,了解对方的喜好和性格,然后针对性地进行沟通。

在团队中应该用什么方式讲话,该说什么话,孩子都要心中有数。沟通的过程中,孩子必须尊重团队中的成员,不管他在团队中负责什么事务。

尊重他人就是尊重自己。与对方商量合作内容之前,孩子要提前调查了对方的情况,了解了对方的喜好。在沟通的过程中,沟通对象会感受到孩子的诚意,进而会对孩子产生好感,沟通会更为顺畅。

◎ 第四章　指引孩子的情商在与人沟通中慢慢成长

传授孩子与他人合作的技巧

为了提高学生的合作能力，学校举办了一次实践活动。主题是模拟企业资源计划。

最终进入决赛的是初三（七）班的夏云小组、初二（五）班的张明小组、初一（二）班的董媛媛小组。

夏云小组的成员学习都不错，每个人都有自己的想法。比赛刚刚开始，大家就因为要购买几条生产线的问题吵得不可开交，隔着一个桌子都可以听到他们吵架的声音。最后，CEO决定了买柔性线。

相比而言，张明小组的成员要安静很多，大家的分工比较明确，每个人负责好自己的工作就不再参与别人的事情。所以，这个小组几乎没有争吵，稳步有序地进行着模拟。

董媛媛小组的成员也都各司其职，一旦谁有更好的点子就会提出来。是否采纳这个点子由CEO决定。既避免了争吵，又提高了工作的效率。

比赛进行到一半的时候，夏云小组已经"破产"了，比赛只剩下张明小组和董媛媛小组。

最终，董媛媛小组以375分的成绩取得了第一名。

上个案例中，董媛媛小组之所以能取得第一名成绩，关键在于小组内部分工明确，小组成员合作能力很强，效率大大提高。而夏云小组之所以失败，是因为小组成员不懂如何更好地合作。每个人都坚持自己的意见，没有整体的规划。由此可见，掌握与他人合作的技巧是非常重要的。

和同学交往、合作是孩子的交际生活中比较重要的一部分，良好的人际交往关系对孩子的健康成长有积极影响。但是，现在的家庭大多都只有一个孩子，这些孩子往往自我意识较强，很容易忽视别人的感受，这对孩子的人际发展是非常不利的。

现代社会越来越注重人的合作、交往能力。作为家长，应该教孩子合作的技巧，培养孩子与他人交往的能力。合作是一个团体行为，而这个团队只有精诚合作才能取得满意的结果。

合作是孩子必须具备的一种生活技能，擅长与人合作、交往的孩子，能获得更大的发展空间，能在工作岗位上创造更多的财富。相反，不懂得合作的孩子在学习和生活中会遇到很多的问题和困难，并且在遭遇困难的时候会感到无所适从。

总而言之，掌握与他人合作的技巧是孩子立足社会的基础。家长应该在日常生活中努力培养孩子与人合作的能力，教孩子与他人合作的技巧。

在这里，有几点家教建议供家长参考：

1.创造良好的家庭合作环境

孩子最先接触的环境就是家庭，为了帮助孩子掌握与他人合作的技巧，家长在家庭生活中应该着重培养孩子的合作能力。首先，家长要创造平等、民主、和谐的家庭氛围，为孩子提供一个互助合作的良好环境。其次，家长应该和孩子成为好朋友。当孩子与家长处于平等的位置时，孩子才愿意和家长交流自己的想法，与家长进行合作。

家庭中的事情，家长应该让孩子积极参与。比如大扫除的时候，家长应该让孩子参与进来，让孩子体会到家庭成员合作是多么重要。这样做可以让孩子意识到，合作能力的强弱对事情的发展起着重要作用。而学会沟通与表达是合作的前提。

2.给孩子提供合作机会

家长要经常带孩子找同龄的孩子玩，或者邀请孩子的朋友到家里玩，给孩子创造和小伙伴一起合作的机会，让孩子逐渐提高与人合作交往的能力。

家长可以指导孩子如何与人合作。比如，当孩子和其他人一起玩游戏的时候，家长可以教孩子如何玩才能更有趣。当有客人上门的时候，家长可以让孩子和自己一起接待客人。

孩子的生活圈子不大，能够与他人合作的机会更是少之又少。家长应该给孩子创造与他人合作的机会，锻炼孩子与人合作的能力。

3.培养孩子与人合作的良好素质

在生活中，家长要重视对孩子心理素质的培养，教育孩子要善良诚实、乐于助人，并且要懂得欣赏小团队中的其他成员，善于理解他人的难处。善解人意的孩子会站在他人的角度分析问题，能更好地与集体其他成员友好相处。

作为一名合格的家长，不仅要鼓励孩子想办法去解决遇到的困难，还应该支持孩子在他人遇到困难的时候去帮助他人。每个人都有长处和短处，合作就是为了取长补短。所以，互相帮助也是合作的基础。

孩子应该学点说话的技巧

玲玲和依依是邻居,两个人也是好朋友。

周末的时候,玲玲妈妈和依依妈妈在一起聊天,依依妈妈说:"玲玲妈,我家依依特不听话,不让做什么,她就偏要做什么。你家玲玲听话吗?"

玲玲妈妈说:"玲玲还好吧,她喜欢吃东西。只要给她吃好吃的东西,她就乖乖的。"

"哎呀,我是管不了依依了。"依依妈妈接着说。

"依依要是做错事情,你都怎么说她?"玲玲妈妈询问道。

"那次,她在沙发上跳来跳去的,我说:'依依,别跳了好不好?妈妈给你买玩具,下来吧。'但是她怎么也不听,我越说她越跳,真不知道拿她怎么办。"依依妈妈有些发愁。

"你的口气该严厉些,让她知道你已经生气了。你不能太温柔。"玲玲妈妈说。

"哦,这样啊,我可能是对依依太温和了,所以她都不怕我。怪不得她那么听她爸爸的话,她爸还挺严厉的。"依依妈妈说。

依依喜欢在沙发上跳来跳去,妈妈怎么说她都不听,但是爸爸一开口说别跳,依依立马就停下来了。同样的一句话,因为爸爸和妈妈说话语气的不同而产生了不同的结果。可见，怎么说话和说什么话是同等重要的。

依依妈妈和依依爸爸表达的是一个意思，但因为语气的不同，依依选择听爸爸的话。家长在管教孩子的时候，不仅要给孩子讲道理，还应该注意说话的语气，该严厉的时候要严厉。随着孩子的长大，他会明白，怎么说和说什么是一样重要的。

怎么说指的是孩子说话时候的态度、语气、表情等，说什么指的是孩子说话的内容。

有时候，同样的一句话由不同的人说出来，可能会产生天差地别的效果。而导致这种差别的原因是：不同的说话者有不同的语气、态度、声音。说话的态度甚至可以决定一件事情的成败。家长应该让孩子明白，怎么说话和说什么对他未来的人生发展有很大益处。

另外，会说话的孩子拥有更融洽的人际关系，因为大家喜欢和温柔的人相处。家长应该以身作则、言传身教，让孩子明白，怎么说话和说什么话是一样重要的。比如，孩子考试成绩不理想，家长不应该责骂孩子甚至说打击孩子的话，而应该鼓励孩子继续努力，争取在下一次的考试中取得进步。每个孩子都希望得到家长的支持与鼓励。

心理学研究表明：成绩不理想的孩子大多缺乏对学习的信心，而家长不分原因地责骂孩子是孩子学习信心不足的主要原因。这种心理上的伤害具有时间上的延续性。可能有一天，孩子会用不好的态度和语言来对待其他人。所以，家长要注意自己的言行，给孩子当好榜样。

在这里，有几点家教建议供家长参考：

1.说话之前要深思熟虑

家长应该告诉孩子：开口说话之前，应该先组织一下语言，并且想好自己要用什么态度、语气和对方交谈。这样既保证了双方交流的顺利进行，也保证了合作的顺利进行。

说话之前先组织一下语言，想好自己要说什么。对方可以更好地理解孩子说的话。病从口入，祸从口出。每次说话之前，请一定仔细想想。

说话的时候，孩子可以把语速放慢，给大脑思考的时间。外交官答记者问的时候，语速一般较缓。因为他们说出去的话代表着一个国家的态度，不能出任何错误。

会说话的孩子可以充分地利用自己的语言能力来克服遇到的困难，使自己的学习和生活顺利地进行下去。会说话的孩子拥有强大的自信心，变得更有魅力。把握好说话的分寸是孩子成功交流的基础。孩子深思熟虑说出来的话会获得更好的效果。

2.告诉孩子，说话的气氛要愉快

交谈的气氛应该是轻松愉快的，家长可以教孩子一些调节气氛的方式。

首先，说话的时候要幽默。幽默可以拉近孩子和对方的距离，增进彼此的亲切感。另外，幽默要把握好尺度，不要拿别人的短处开玩笑。

其次，说话的时候要有礼貌。不管是和什么人说话，礼貌都是必要的，尤其是与刚刚认识的朋友说话。

除此之外，说话时也需要有自信心。家长应该培养孩子的自信心。性格内向的孩子缺乏自信心，与别人交流的时候不敢直视对方的眼睛，视线总是下移。家长应该鼓励孩子，交谈时直视对方的眼睛，面带微笑。

3.教孩子说话的技巧

说话要留有余地，给对方接茬的空间，不要突然打断对方的话，这是极不礼貌的行为。孩子说话的时候要尊重对方，语气要温和，态度要诚恳。适当的时候要沉默，给自己思考的空间。当对方说到特别的地方时，比如他在比赛中获得了奖项，周游世界看到了特别的习俗，等等。这时候，孩子应该说几句夸赞的话，表示自己很感兴趣。这样做会让对方意识到孩子在听他说话，而且很认真。和长辈说话，要用敬语。不管和谁说话，都切忌滔滔不绝。

教孩子几个拒绝他人的妙招

安安正在小区里荡秋千的时候，邻居家的男孩小石头跑了过来，也要荡秋千。安安才刚玩，还没有荡够呢，但看着强势的小石头，心里又有些胆怯，便从秋千上下来了。

"你赶紧玩，玩完了我还要接着玩呢。"安安恋恋不舍地站到了秋千旁边，看着小石头玩。

小石头才不管她要不要玩，一直荡来荡去，直到到了吃晚饭的时候才从秋千上跳下来。

可这时候，安安妈妈也来叫安安回家吃饭了。等了这么久，竟然没有玩到，她觉得委屈极了，一边往家走，一边"嘤嘤"哭了起来。

"怎么了？"安安妈担心地问，还以为是她玩的时候受伤了。

安安抹一把泪，小声把刚才的事情说给了妈妈听。妈妈听后，叹了口气，说道："你就不会拒绝他吗？你先玩的，如果真不想让出来，就应该好好拒绝他啊。"

"可是，我不知道该怎么说。"安安低着头回答道。

"直接和他说不行。"妈妈为女儿打抱不平。

安安记下了。没两天，果然又遇到了相同的事情，小石头扯着秋千绳子不让她玩。

"你下来，我要玩。"小石头理直气壮地说道。

安安这次没有乖乖下来，直着身子说道："不要！我还没玩够呢，凭什么让给你。"

小石头一听，生气了，用力把她从秋千架上拽了下来，两个人扭打起来。

妈妈知道此事后，觉得女儿不懂如何拒绝别人。于是，妈妈决定用心教孩子学会拒绝他人的艺术。自那以后，妈妈经常会咨询许多教育专家、心理学家或社交礼仪老师，以寻求教孩子拒绝他人的好方法。

在妈妈的耐心培养和积极引导下，安安渐渐学会了许多与人交往的技巧，也学会了如何在不损害各自利益的基础上拒绝他人。

后来有一次，小石头想要和安安一起玩玩具，但安安马上就要出门了，于是对小石头说："现在妈妈要带我出去，我们先去办事，回来我立马去找你玩好吗？"

安安说这话时，语气温和，面带笑容。小石头自然也不会生气，而是很自然地答应了下来。

大多数情况下，家长都会教育孩子：要学会跟别人分享，为人处世要慷慨大方，这样才能获得他人的喜爱和信任。一般来讲，家长的这种教育方式并没有错，因为懂得分享是每个人都应具备的优秀品质，并能让孩子交到更多的朋友。

但有些时候，面对别人提出的不合理要求，或者自己无法轻易做到的事情，孩子也要学会拒绝，以免给自己和对方带来困扰。大胆地拒绝别人，是相当重要却又不太容易的事情。家长教育孩子懂得分享的同时，还要让孩子学会如何去拒绝一些不合理的请求，这里有几个小技巧供大家参考。

1.教孩子不能因感情用事拒绝别人

家长要教孩子学会拒绝，首先要让孩子明白，拒绝并不等于自私。拒绝别人是对人和事物作出理智判断后才能采取的行为，而感情用事是对别人和自己都不负责任的一种态度。

2.让孩子学会语气平和地拒绝别人

告诉孩子，在拒绝别人的时候要和对方"磨嘴皮子"，所谓的"磨嘴皮子"，是指当孩子想拒绝别人的请求时，不要用生硬的语气直接拒绝，可以尝试用商量的语气和对方交流，这样可以巧妙地拒绝别人，以防发生冲突。

上述案例中，妈妈在教女儿安安拒绝他人的方法时，就时常告诉她遇到问题要和别人心平气和地商量，要让对方感受到诚意。后来，女儿要出门时遇到来找她玩的小伙伴，她对小伙伴"动之以情"，用商量的口吻与其对话，如"回来我立马去找你玩好吗"。

3.教孩子拒绝别人时要说出理由

对别人的某些要求，如果孩子觉得过分了或自己不能做到时，家长应该鼓励孩子向对方说明自己拒绝的理由。比如，自己身体不舒服、没时间等，让对方了解到自己的苦衷。

4.告诉孩子必要时应该推迟别人的请求

如果孩子不想答应别人的请求，又不好意思拒绝的时候，家长可以教孩子用往后拖延的办法推迟别人的要求，例如"我考虑好了再回答你""我现在没有时间"等。这是一种委婉拒绝别人的方法，避免了双方的尴尬。

5.让孩子欣然接受他人的拒绝

8岁的阿恬一大早就兴冲冲地去找邻居家的飞燕玩,不一会却嘟着嘴回家了。

"刚刚还好好的,怎么一会儿就不高兴了?"妈妈关切地问。

"飞燕说今天不能陪我玩,可是我还想让她和我一起叠飞机呢。"阿恬嘟囔着。

妈妈听后,微笑地跟阿恬说:"每个人都有每个人的事情,就连爸爸妈妈也不能每天都陪在你的身边啊,何况是小伙伴。难道人家拒绝了你一回,你就不再和人家做朋友了吗?也许飞燕有更重要的事情要做呢?而你们又不是只有今天才能一起叠飞机,以后再叠不一样吗?肯定会一样开心的啊。"

阿恬听了妈妈的话后,认真想了想,像是终于想通了,高兴地拍手说道:"还是妈妈聪明,我怎么就没想到呢。妈妈,我以后再也不会这样。我现在就去告诉飞燕,我不生她气了,等她以后有空了,再和她一起叠飞机玩。"

"嗯,快去快回。回来之后,妈妈陪你玩。"妈妈笑着扬扬手。

阿恬开怀大笑,飞一般地跑出了家门。

在和别人交往的过程中,孩子会面对别人的不合理请求,也同样会对别人有不合理的请求。作为家长,不仅要教孩子学会拒绝别人,还要教孩子接受他人的拒绝。上个案例中妈妈的方法就值得借鉴,让孩子学会换位思考,理解别人的苦衷。

第五章 让孩子的情商在爱的教育中逐渐成熟

◎ 第五章　让孩子的情商在爱的教育中逐渐成熟

给孩子应有的爱，孩子才会懂得爱

在同学们眼中，小舟就像一个"怪小孩"。

小舟平时不喜欢说话，和他亲近的朋友在班里基本没有，大家很少看到他和谁来往亲密。独来独往的他在成群结伴的同学们中间显得那么孤单。

"小舟，这个给你。"同桌把一盒牛奶递给了他。"快喝吧，我妈妈热过的，我特意跟她说了多带一个的。"同桌眨着眼笑嘻嘻地说。

"哦。"小舟看着眼前的牛奶，一时间竟然不知道说什么，连句"谢谢"也是迟疑了半天才反应过来。

"喂，你怎么了？怎么突然魂不守舍的？"同桌看着愣着的小舟，撇着嘴心想，"我看你总是一个人吃冷的早餐，才特意给你热的牛奶。你竟然这么不以为然，一句感谢的话都这么难以出口。"

周末的时候，小舟接到爸爸的电话，原来是奶奶病了，就住在医院里。小舟静静地听着，在电话里一声不吭。爸爸对着沉默的小舟突然发了火："你这孩子怎么回事。奶奶病了，你不知道去看望一下吗？奶奶以前白疼你了啊。"

小舟嘟嘟囔囔地说："干吗啊，我不想去医院。周末还不能休息一下啊？再说，我去看了，奶奶又不会好起来啊。"

"小舟你怎么这么不懂事，怎么能说这样的话。太不像话了！"妈妈听了小舟的话，生气极了。

"本来就是嘛，我平时生病了，你们不也是这样吗？也没有人来陪陪我看看我啊，都是我自己买药，你们没有觉得这样有什么不好，那我也觉得没什么不好啊。"小舟竟然有些理直气壮。

妈妈一听这话，更是气不打一处来。"好啊你，自己不孝顺还给家长找毛病了啊。你还不知道我们平时有多忙。这么大的人了让你学会照顾自己还有错了？"

"嗯，好，你们忙。那我也很忙，我去做作业了。"小舟头也不回地关上了房门。

上述案例中的小舟看似有些"不近人情"，不懂得回应别人的关心和爱意，也不善于表达自己的情感。但孩子的看似不通人情却是由于家长的疏忽而造成的。从案例中可以得知，小舟的家长忙于工作，疏于对孩子的照顾，让孩子不懂得如何回应和表达自己的情感，在人际交往中容易让别人误会，觉得孩子不通情达理，甚至有些冷漠、不近人情。归根结底是家长没有给孩子应有的关爱，导致孩子对情感的感受不够敏锐，变得有些迟钝。长此以往，对孩子的成长和身心健康是很不利的。不仅会对孩子的人际交往造成障碍，而且会对孩子的心理造成一定的伤害，甚至让孩子产生一些心理问题，给孩子的身心健康都会造成不良影响。家长对孩子的关爱不够，对亲子间的关系也是一种破坏。孩子的心思敏感细腻，很多大人不以为然的细节对孩子来说都是不可忽视的重要问题。因此，家长要对孩子的情感和心理变化多多关注，给孩子足够的关爱，让孩子懂得什么是关爱。这样，孩子才能学会关爱别人。这里有几点建议供各位家长参考，希望能对家长们有所帮助。

◎ 第五章　让孩子的情商在爱的教育中逐渐成熟

1.从孩子生活中的一点一滴做起

节奏快、压力大的生活让家长越来越繁忙，对孩子的照顾和关爱难免会有疏漏。这种情况下，会容易让孩子觉得家长对自己"不在乎"，或者冷落了自己，孩子的心理会产生不平衡。因此，家长对孩子的关爱要从细节做起，让孩子感受到家长的"关爱"。比如参与孩子的游戏，跟孩子一起看电视节目并为孩子讲解，既陪伴了孩子，还让孩子明白更多知识。在孩子受委屈或不舒服时，更要对孩子的心理及时进行安慰和疏导，让孩子感受到温暖和关爱。家长不要经常以工作忙为借口而缺席孩子的生活，比如不去家长会，或者答应孩子的出游却临时出尔反尔等。

2.家长要教孩子发现爱

有这样一句话："生活中不是缺少美，而是缺少发现美的眼睛。"对于情感也是这样。作为父母，对孩子的关爱自然是不言而喻的，但这必须都要让孩子能够发现和感受到。在与人交往的过程中，对别人情感及情绪的体察也是非常重要的。如果不能及时感知别人的情感变化，或者不懂得别人对自己的好，会给别人留下冷漠、不近人情、不明事理等不好的印象。因此，家长不仅要爱孩子，还要让孩子感受和明白别人的关爱，也就是要教孩子有感恩之心。只有常怀感恩之心，才不会对别人的关爱无动于衷。在和人交往的过程中就不会被别人贴上"冷漠""无情"的标签了。也只有在感受到别人的关爱后，才能作出回应。

3.教孩子学会表达自己的爱

孩子能够发现生活中的关爱，是表达爱的基础。但有的孩子由于羞涩或天性比较拘束，不善于表达自己的情感，这在人际交往中是很不好的。因此，家长要教孩子学会表达自己的情感，只有将自己的关爱表达出来，才会被别人感知。表达自己的内心情感的方式有很多种，行为举止、一言一行甚至一个眼神一个表情，都是自己内心情感的流露。中国人向来内敛含蓄，经常将内心的情感隐藏或表达隐秘,所以家长要给孩子作好表率,将对孩子的关爱表现得更为直接和热情,让孩子在潜移默化中学会将自己的情感表现出来。对亲人、朋友、陌生人,都能够表现出自己的友善和关爱。在人际交往中,孩子也会更加受欢迎。

每次到周末,小柠都吵着要去爷爷奶奶家看望他们,即使偶尔不能去,也要拿着电话喋喋不休。家人都很喜欢这个小嘴甜甜的乖孩子。

其实,小柠的乖巧和家长的教育是分不开的。小柠的爸爸妈妈不管工作多忙,也不会忘记关心孩子的身心成长。陪孩子玩游戏,带孩子去公园,都是爸爸妈妈从不缺席的活动。从爸爸妈妈身上,小柠懂得了陪伴就是关爱。爸爸妈妈对爷爷奶奶孝顺,小柠看在眼里,因此也要当个孝敬老人的好孩子。

小柠不仅仅是家里的好孩子,对周围的朋友也是非常关心。她从不吝啬,而是大方地将妈妈给她做的好吃的和爸爸买的玩具拿出来和小朋友一起玩。年纪虽然小,但是她却俨然一副小大人的模样。沐浴着爱的阳光,小柠更像一个小太阳,将爱洒在周围的每一个人身上。

教孩子在与人合作时体会爱

小洁是独生女,在家里就像众星捧月般的公主,这些养成了她说一不二的个性。随着年龄的增长,这种霸道带给她的却是越来越多的

◎ 第五章　让孩子的情商在爱的教育中逐渐成熟

烦恼。

"你干什么，那是我的！""哎呀，不许动！要是弄坏怎么办！"小洁气势汹汹地叫道。

这便是小洁和别人玩的时候的"口头禅"了。在学校里，小洁不喜欢和别的小朋友一起玩游戏，总是自己一个人。而别的小朋友也不喜欢和她一起玩。每当老师说上课分小组玩游戏时，看着别的孩子都很快找到了小伙伴，被"剩下的"小洁更是气不打一处来。"哼，我还不要跟你们玩呢。"小洁故作不在乎的样子。

在学校如此，在家的时候，小洁更是变本加厉。每当有亲戚或朋友的孩子在时，总是小洁妈妈最头疼的时候。一点面子都不给妈妈的小洁时常让家人觉得特别下不来台。

一天，邻居家的小妹妹来家里玩。她看到小洁的新积木特别开心，"姐姐，我们一起玩好不好？"小妹妹奶声奶气地央求道。

"我不想玩。"小洁冷冷地拒绝了她。其实，小洁是不想和小妹妹一起分享她的玩具，不想跟她一起玩。

"小洁，你是怎么当姐姐的？妹妹想和你一起玩，你都这么小气啊！"妈妈在一旁看不惯了。

"哼，她就是想玩我的新玩具，我才不要给她玩呢。那是我的，我要自己玩。我不要被他们抢走我的东西。"小洁说着自己的担心。

"呵呵，原来你是怕被人抢走你的东西啊。怎么会呢？"妈妈耐心地对小洁说："其实和别人一起玩是很有意思的。就像搭积木一样，你们在搭建城堡的时候相互合作，这样是不是会搭得又快又好啊？你看，小妹妹还会帮你拿积木呢。你们一起商量城堡的样子，就像两个建筑师一样，多好啊！"

见小洁不说话,妈妈又说道:"其实别人想和你一起玩也是因为喜欢你啊。你看,你一个人孤零零的多不好啊。"

其实,小洁也不喜欢一个人玩。每次看着别人成群结伴,自己也会羡慕,也会难过。想到这里,小洁牵起妹妹的手,"我们来搭一个大城堡吧!"

上述案例中的小洁是一个典型的独生子女的代表:喜欢独处,对自己的东西有强烈的占有欲,不喜欢和别人分享,与别人合作的能力比较弱,在集体中也并不是非常受欢迎。学会和别人合作是孩子人际交往中非常重要的能力。俗话说:"众人拾柴火焰高。"合作的力量大于一个人的力量,在未来社会中,不会合作的人是无法胜任工作、战胜生活中的困难的。不会和别人合作的孩子,人际关系处理并不是十分得当,自己也会时常感到不愉快。其实,孩子不愿意和别人合作是因为没有感受到合作的力量或好处,或者不明白与别人的合作中带给自己的精神享受,即感受到别人的关爱。在合作中,不仅有团队共同努力战胜困难的胜利感,更有团队成员之间的相互关心、相互帮助的温暖,体验被别人需要的幸福感。因此,家长一定要教孩子学会和别人合作。这里有几点建议供各位家长参考。

1.教孩子学会接纳别人

孩子不喜欢跟别人合作或喜独来独往,很多是由于性格中的"自私霸道",尤其是独生子女,这一特点尤为明显。例如案例中的独生女小洁,她对自己的所有物品格外在意,性格中难免会有些自私而不能接纳别人。因此,家长首先要教孩子克服自私的情绪,能够从行为上和心理上接纳别人。家长对孩子的过分宠溺会导致孩子自私的性格,与别人交往中也比较难沟通。所以,家长应该从小培养孩子与人相处的能力,在和亲人、家人的相处

◎ 第五章 让孩子的情商在爱的教育中逐渐成熟

中学会为他人着想。这样，在和朋友交往中孩子也会比较容易接纳他人。

2.教孩子明白合作的重要性

孩子之所以不喜欢合作，不喜欢与人交往，是因为孩子没有意识到与人合作的好处。俗话说："一个篱笆三个桩，一个好汉三个帮。"没有人可以脱离他人而独立存在。在学习和工作中要想取得成就，就不可避免地需要和别人进行合作。从幼时的游戏、到长大的学习，再到成年后的工作，没有一件事可以离开与人的合作。在生活中学会和别人相处、与别人合作也是必备的生活技巧，懂得合作和相处的孩子会更受欢迎。在合作中孩子也能学习到更多，取人之长，补己之短，"以人为镜，可以明得失"，在别人身上也可以看到自己的不足。在合作中还少不了快乐，比如孩子们在游戏中增进了情谊，收获了快乐。家长要教孩子意识到合作的诸多重要性，才能让孩子有与人合作的意识。

3. 教孩子在合作中收获关爱

星期天的早晨，萌萌一大早就被好伙伴娜娜的敲门声叫醒。

"快起来，你看我给你带什么好东西了。"娜娜对着睡眼惺忪的萌萌高兴地说。

"什么啊？"萌萌一睁眼，"哇，真棒啊。这么漂亮的芭比娃娃啊。"萌萌看着娜娜手里崭新的玩具，开心地说。

"嗯，妈妈新买的。我要和你一起玩。我们来合作给芭比换衣服吧。"娜娜大方地拿出自己的玩具。

"谢谢你，娜娜。昨天，我妈妈买了好吃的蛋糕，我也给你留了呢。"萌萌和娜娜从幼儿园开始就是最好的朋友，不仅做游戏时在一起，平时有什么好东西也都是想着对方。两个人在一起相互帮助，在合作中也有了深深的友谊。

人与人之间的合作，其直接目的是为了共同完成一件自己单独不能完成的事。对孩子来说，更多是获取快乐。相比成人，孩子之间的合作更为单纯，孩子的天真善良也得到充分体现。家长要教孩子发现别人的关爱，比如将自己心爱的玩具分享，给对方喜欢吃的零食，或者在伙伴摔倒时伸出的手，保护伙伴不被别的小孩欺负，等等。这些都是在合作中体现出的孩子的关爱。家长要教孩子发现这些闪光点，并学会感谢别人，同时能将这份关爱反馈给对方，在合作中能够做到关爱别人。家长可以教孩子学会礼尚往来，比如伙伴愿意和孩子分享玩具，那同样教孩子和伙伴一起玩自己的玩具。家长还可以教孩子将自己喜欢的东西和好朋友一起分享，让孩子明白在分享中才能收获更多关爱和欢乐。

"爱情教育"必不可少

小宣上了初三之后，妈妈觉得小宣开始跟以前不一样了。

小宣晚上似乎比往常要迟二十分钟才回来。开始的时候，妈妈以为是学习任务重了，孩子留在教室里学习。可是最近，妈妈却觉得小宣有点"鬼鬼祟祟"。有好几次，妈妈发现自己一进门，小宣有点慌里慌张。

"小宣，你怎么了？在干吗呢？"妈妈不解地问。

◎ 第五章　让孩子的情商在爱的教育中逐渐成熟

"没，没什么啊。"小宣有点结巴，"我在看书呢啊。"

妈妈没再说什么。可是不久之后，妈妈却发现小宣整天一副非常低落的样子，甚至有点茶不思饭不想，忧心忡忡的样子让人看着格外担心。

"小宣，你到底怎么了？看你前段时间就有点不太平静，这两天又是怎么了，一副失魂落魄的样子。你看看你的测验成绩，又下降了不少。这是怎么回事？你知不知道现在有多关键，你怎么这么不上心……"

听着妈妈不知所云的喋喋不休，原本情绪低落的小宣更加难过。

"哎，你是不是谈恋爱了？"妈妈突然如梦初醒似的一句话，让小宣却心里更难过了。

"没有，"小宣沉沉地说，"已经失恋了。"

"什么，你小小年纪就谈恋爱了？你，你怎么这么不争气啊！"妈妈一听立刻就如同看见了洪水猛兽。"让你不学好，让你不学好！"说着还想"教训教训"下这个"不听话"的孩子。

"妈，你干吗！"小宣一抬手就挡出了妈妈的胳膊。"真是的，我都多大了，你还这样。"

"怎么了，我还不能教育你了？你做错事，我还不能说你了？"妈妈一听更是火冒三丈。

"我烦着呢，我先走了！"小宣一甩手就出了门。留下生气的妈妈一个人在家里发火。

孩子进入青春期，感情问题就是家长和孩子无法避免的话题之一。家长总是担心孩子早恋，有的家长甚至像"黑猫警长"一样地"监视"孩子。

089

上述案例中的小宣，如母亲所料谈恋爱了，本来已经怒不可遏的妈妈看着心情低落的孩子，更是变本加厉地对孩子责骂，让原本失落的孩子最后摔门而走。母亲既没有达到教育孩子的目的，孩子失落的心情也变得更加失落，母子关系还受到了影响。其实，孩子的恋爱问题并非家长所想的洪水猛兽，而是一种正常情感体现。"爱情"对于青春期的孩子来说是个新鲜而又陌生的话题，家长在对话中的"退避三舍"更为其增加了神秘感。或许是好奇使然，或许是跟风，又或者是怦然心动，不少孩子没有被家长的"软硬兼施"阻挡得住而碰触了这颗"禁果"。作为家长，要给孩子适当的"爱情教育"，消除孩子对爱情的盲区，让孩子能够正确认识爱情，在遇到爱情时能够谨慎理智对待。即使失恋，家长也要教孩子如何走出失落的情绪，积极对待生活。这里有几点建议供各位家长参考。希望能对各位家长有所帮助。

1.爱情既不可怕也不美好

一提起孩子的"爱情"问题，家长马上就和"早恋""成绩下降""孩子变得不听话"等一系列负面词汇联系在一起。很多家长会认为孩子只要早恋就已经是变坏了，不由分说直接对孩子进行"道德批判"，亲子关系也会迅速恶化。其实，恋爱问题并不是家长想的那么可怕，家长要对"爱情"有正确客观的认识。爱情是一种正常的情感需求，进入青春期的孩子会对异性产生好感是非常正常的。即使孩子恋爱，那也不意味着孩子变坏。只要家长对爱情有正确客观的认识，就能正确教育孩子。爱情也没有孩子想的那么简单美好，家长要向孩子说明何为爱情，爱情涉及的问题非常多，而孩子年龄尚小，阅历不够，这样的爱情是幼稚而且脆弱的。青春期的爱情其实更多的是相互的一种好感，家长要教孩子理智对待情感问题，不可因为一时冲动而让自己陷入所谓的"爱情"。

◎ 第五章 让孩子的情商在爱的教育中逐渐成熟

2.家长不要将"爱情问题"一棍子打死

很多家长只要听闻孩子"恋爱",不论真假、不问青红皂白便对孩子进行批评教育甚至大动干戈,这种态度是非常不正确的,对亲子关系是一种严重的破坏。家长在面对孩子的恋爱问题时,首先不要判定全是孩子的错而对孩子大加指责。没有调查就没有发言权。只有充分了解事实之后家长再对孩子的对错做出评判。其次,家长要就事论事,即使孩子的情感问题处理不当,也不要对孩子的品质进行怀疑,否则会伤害孩子的自尊心,孩子对家长的信任和依赖也会大打折扣。长此以往,孩子和家长的亲密关系也会受到影响。在面对孩子的情感问题时,家长要摆正自己的心态,不要抱着指责批评的态度,站在道德制高点上对孩子进行"审判",这种"先入为主"的态度便是不客观的。家长要记得,所有的做法都是为了孩子的健康成长,一言一行必须顾及孩子的感受。

3.教孩子正确对待失恋

青春期的孩子不得不面临失恋的问题。年轻的孩子由于年龄和阅历的限制,面对爱情的打击,一般抵抗力较弱。一旦失恋,很有可能导致孩子心情低落、对学习和生活的热情下降,甚至由于一时气不平而伤害自己或伤害别人。如果不良情绪不能得到及时良好的疏导和发泄,郁积在心里对孩子的身心健康都是非常不利的,时间久了还有可能会诱发心理问题。孩子失恋的问题家长要正确对待,不能给孩子原本低落的心情"雪上加霜"。家长要对孩子进行安慰和引导,帮助孩子早些走出负面情绪。同时就爱情问题对孩子再一次进行"科普",让孩子在经历之后能更加理解何为"爱情"。比如家长和孩子交流对爱情的看法,和孩子分享自己的情感趣事,给孩子推荐一些青春读物,让孩子在书本中能够更加全面客观地了解爱情,对情感有更深的体会,即使失恋,也要教孩子积极对待生活,教孩子失恋不失爱,失恋不失去对生活学习的热情，不失去对自己的信心。

孩子懂得爱自己，才会爱他人

"兰兰，该起床了。"妈妈一边叫着赖床的兰兰，一边给兰兰准备着衣服。"你看看，你现在跟'衣来伸手，饭来张口'有什么区别？都这么大了，还是什么都不会做。"妈妈一边说着，一边给睡眼惺忪的兰兰穿衣服。

"妈妈，我会自己做的。我还能帮你做好多事呢。你看，我可以帮你……"兰兰正要在一旁"如数家珍"般说自己，妈妈就笑着打断了她："你还是先学会照顾自己吧。你看看你现在，什么都要别人帮你，连自己都不会爱，更不能爱别人了。"

"不会爱自己？我怎么不爱自己了？"兰兰惊讶地说，"我怎么会不爱自己呢。你看我给自己吃好东西，我喜欢漂亮的衣服，还喜欢……"

"兰兰，这就是爱自己了？"妈妈说，"爱自己可不是简单地给自己吃好喝好啊。"

"那是什么？"兰兰一下子来了兴致。

"爱自己啊，首先就是生活能够自理，能够自己照顾自己的生活。当然了，首先就是要健康，比如说锻炼身体，这也是爱自己的表现啊。自己要做个阳光积极的人，这样才能感染到身边的人。"妈妈对兰兰解

◎ 第五章　让孩子的情商在爱的教育中逐渐成熟

释道。

"是啊，这样爸爸妈妈才能不担心你，你也是在帮爸爸妈妈省心啊？这不是也帮了别人了吗？"妈妈笑着说。

"嗯，好，那我以后要做个会爱自己的人。只有会爱自己了，才能爱爸爸妈妈，爱别人。"兰兰也笑着"保证"。

"爱自己"其实是很多人都会忽略的一个问题。不仅是孩子，许多成年人也未必能做到"爱自己"。案例中的兰兰不懂得如何爱自己，妈妈给了她一个巧妙的答案：要想爱别人，就得先学会爱自己。一个不爱自己的人很难具备爱别人的能力。自爱是一种能力，英国作家毛姆说："自尊、自爱是一种美德。"教孩子爱自己是教孩子对自己负责，教孩子更好地照顾自己。只有明白自己的生活和情感需要，孩子才能学会由己及人，在生活中才能更好地体会别人的心理感受，才能更加明白"己所不欲勿施于人"的含义。懂得爱自己的孩子在生活会更加自信，更加懂得自尊和自强，让孩子学会爱自己，孩子将会受用一生。这里有几点建议供各位家长参考，希望能对家长们有所帮助。

1.教孩子学会照顾自己的生活

家长教孩子学会自爱应从让孩子学会自理开始。习惯"衣来伸手，饭来张口"的孩子不是真正爱自己。作为家长，如果让孩子养成过分依赖别人的习惯，那也是对孩子的一种"不负责"，"剥夺"了孩子自理的权利，也是失去了让孩子学会自爱的机会。孩子的自理能力要从小培养，从让孩子学会自己穿衣穿鞋、使用筷子等基本生活技能，以及一定的安全意识，学会保护自己，比如电器的使用、躲避危险的基本常识等。随着年龄的增长，对孩子的生活能力的培养也要更进一步，比如洗衣服、简单烹饪等。家长还要注意锻炼孩子的生存技能，比如对方向的辨别和一些生活常识等。学会照顾自己的生活是孩子学会爱自己的基础，也只有学会生活自理，才能照顾别人、爱别人。

2.教孩子学会自尊、自信

学会生活上自理是教孩子自爱的最基本要求，自爱更体现心理上的自尊和自信。首先，家长要教孩子正确认识自己。自尊自爱是孩子必备的品质，爱自己的孩子必须是自尊自信的。家长对孩子自尊心的培养可以从很多方面入手，比如对荣誉的追求和珍惜，对个人生活习惯的培养，教孩子意识到文明礼貌的重要性，都是对孩子自尊心的培养方式。在这些过程中，家长要注意的是要保护和尊重孩子的自尊心，同时记得鼓励孩子要对自己保持自信。增强孩子自信心的方式有很多种，比如培养孩子的特长，对孩子的表现多加鼓励，让孩子看到自己取得的成绩，得到家长的认可，等等。拥有了自信和自尊，就会意识到尊重别人的必要性，这样会使孩子和别人的相处更加融洽和和谐。

3.教孩子学会"照顾"自己的情绪

小凡是大家眼里的"小大人"。

由于爸爸妈妈工作比较忙，小凡从小就经常一个人在家，因此有很强的自理能力。从上幼儿园起，小凡就自己穿衣穿鞋，连自己的小衣服都是自己洗。上了小学后，小凡将自己照顾得更好了。有时候，爸爸妈妈不放心，打电话给小凡。小凡还会安慰他们："爸爸妈妈，你们放心吧，我没事，我自己可以照顾自己的。我已经吃过饭了，你们也要记得啊。"

小凡喜欢书法，爸爸妈妈也从小培养他。小凡每次参加比赛，爸

◎ 第五章　让孩子的情商在爱的教育中逐渐成熟

爸爸妈妈都不缺席。"孩子参加比赛不容易，我们一定要多支持和鼓励，这样也能增强孩子的自信。"不管结果如何，爸爸妈妈都会大大鼓励孩子。

小凡从小有很多书籍陪伴，励志的故事让他更加懂得自强和成熟。每当家长和朋友心情不好的时候，小凡都像个"大人"一样安慰别人。

小凡的人际关系一直不错，因为他很懂得体谅别人。他常说："我自己需要什么，别人也会需要。"他尊重身边的每一个人。

在生活中，人们经常会发现这样的现象：孩子的情绪不稳定，很难控制自己的脾气，并且容易被不良情绪影响，自己无法很好地调节，严重者甚至会因此而产生心理疾病。一个爱自己的孩子是能够分辨不良情绪和积极心态的，并且能够为自己的情绪及时"诊断"，让自己保持积极阳光的生活状态。爱自己的孩子会让自己处于快乐和健康的生活状态中，并且保持清醒和理智，做自己应该做的事。爱自己的孩子会保护自己的情绪不被伤害，即使受挫也能够很快调整。因此，家长要教孩子学会这项技能，做一个内心强大的人。比如教孩子意识到生活中很多重要的东西，例如亲情、友情等，让孩子感受到生活中的阳光。推荐孩子读好书，丰富孩子的精神世界，增强孩子的精神力量。家长的引导作用也是不可忽视的，孩子由于年龄阅历的限制，心理自我调节能力不够，需要家长及时帮助。孩子在学会照顾自己的情绪之后，在和别人交往的过程中，自然能敏锐感觉到他人的情绪，也能够帮助别人调节心情，自然也能够爱别人。

用他人的不幸激发孩子的爱心

吃完晚饭，爸爸妈妈带着小晨散步。过天桥时，看见一个中年人在路边乞讨。那人衣衫褴褛，身体还有残疾，眼前还摆着一个寻人启事一样的东西。爸爸妈妈没带着小晨继续走，而是站在不远处看着一个个行人走过，看着那位行乞者孤零零地坐在地上。

小晨今年五岁，看着眼前的场景，沉默了一会儿，问爸爸："爸爸，他是没有家了吗？他怎么还坐在外面呢？"

看着小晨充满疑问的脸，爸爸对他说："小晨你看，现在是冬天，多冷啊。可是那位叔叔还坐在那里，肯定特别冷对不对？他也许是家里发生什么不幸的事才会这样的。"

"他没有家可以回去了，该多可怜啊！"妈妈也在一旁说着。

小晨一家正在旁边说着，突然有几个孩子对着衣衫褴褛的行乞者指指点点，嘴里还嘻嘻哈哈地说着什么。他们一副嘲笑的样子在行人不多的街上显得格外刺眼。

"爸爸，他们怎么可以这样呢？别人已经很可怜了，他们还要这样对待别人呢？"小晨非常同情那个不幸的人。"是啊，我们应该对不幸的人多多同情，而不能像这些孩子一样对别人落井下石知道吗？"

"嗯，好，我知道了。那爸爸我可以把我的零花钱给他吗？"小晨从口袋里掏出今天买玩具剩下的零花钱，虽然数量不多，但是小晨却也

◎ 第五章　让孩子的情商在爱的教育中逐渐成熟

是一脸认真。"好啊，当然可以。不过你要记得，你给他钱的时候，态度不可以不好。你要记着你是在帮助别人，你和他是平等的，不能有傲慢或轻视别人的情绪。"爸爸牵起小晨的手，"走，我带你过去。"

小晨认真地将手里的钱放到乞丐眼前的盒子里，充满同情地看了看他。爸爸带他走时，他还不忘回头看看。

"小晨，你要记得，世界上有很多不幸的人。当我们还有能力帮助他们的时候，就去帮帮他们，要做个有爱心的好人。知道吗？"爸爸对小晨语重心长地说。

"嗯，我知道了。要做个有爱心的好人。"小晨重重地点点头。

上述案例中的小晨看到不幸的人和事时产生了同情，他的父亲给了孩子很好的教导，让孩子从别人的不幸中学到了"要做个有爱心的好人"。这种教育方式是很有用的，用身边的现实让孩子能够更加深刻地理解。其实，这样的场景在生活中非常常见，不幸的人和事都不陌生。但是很少有家长会利用这些不幸的事情来激发孩子的爱心。很多家长会认为不该让不幸或"不好的"事来给孩子单纯美好的心灵造成"阴影"，意在给孩子一个永远充满明媚阳光、象牙塔般的世界。但这样的方式会让孩子缺少对不幸事物的关心，缺少爱心。爱心是作为一个人必不可少的品质。拥有爱心的孩子会更加善良，更能体谅和珍惜一切美好的事物。与别人交往中，孩子的善良会更容易打动别人。有爱心的孩子懂得帮助别人，懂得为别人着想。这样的孩子，人际关系自然会更加和谐。因此，家长要注重对孩子的爱心培养，这里有几点建议供各位家长参考，希望能对家长们有所帮助。

1.不要为孩子屏蔽一切不幸的人和事

家长都希望给孩子一个美好单纯的象牙塔，让孩子的眼睛里更多的都是幸福和美好。天气不可能永远都是阳光明媚，人生也是这样。生活中不会永远都是幸福的人和事，许多不幸在生活中随处可见。街边的流浪者，贫困地区上不起学、没有玩具的小孩，这些其实都没有必要刻意回避。相反，更应该让孩子知道。一方面是让孩子变得更加成熟，同时对自己拥有的幸福能够理解和珍惜，不管是幸福还是不幸，都让孩子能正确看待和理解，只有正确理解这些不幸的事，孩子才能拥有产生爱心的情感基础。

2.教孩子不要无动于衷

在本文开篇提到的故事里，有几个孩子对着行乞者嘻嘻哈哈、指手画脚。在生活中，人们也会见到这样的现象。孩子出于好奇和无知，以别人的不幸取乐，但这种行为对别人是一种很大的伤害。随着孩子的成长，这种无心所为也会变成一种习惯和冷漠。因此，家长要对孩子的这种习惯加之指正，要让孩子学会对别人的尊重，尤其是对别人的不幸，更加要格外小心，更不能对别人落井下石和嘲笑，当然也不能对别人的不幸无动于衷。家长要培养孩子的同情心，只有拥有同情心，才能产生爱心，才能学会帮助别人。

3.教孩子做一个有爱心的好人

今天是大年三十，丰盛的年夜饭过后，平平却拿起了小袋子将桌子上的骨头全部收集在一起。奶奶见状很不解地问："平平，你这是干什么啊？为什么不把垃圾放到垃圾桶呢？"

平平笑着说："奶奶，这可不是垃圾，这对楼下的流浪狗来说，可是丰盛的'年夜饭'啊！"

"呵呵，平平真有爱心，还想着楼下的小狗也要过年啊。嗯，好，那我们就把家里吃剩下的骨头都给它们。"

平平是个很有爱心的孩子。自从她看到路上乞讨的人之后，总觉得很难过。因此，每次看到乞丐，都想着要帮助他们。每次乘车或外出，平平总要在口袋里装一些零钱，遇到行乞的人也是大方地给他们。有一次，她把身上的钱都给了一个老奶奶，自己走了两站路回家。她总是说："我自己的力量很小，只能尽自己所能来做了。但是我会坚持，以后有能力了要帮他们更多。"

孩子学会正确看待不幸的人和事，并能对别人的不幸产生同情，那家长还要教孩子学会帮助别人，这便是爱心。对不幸的人能够伸出援手，在自己力所能及的范围里帮助别人，让孩子在帮助别人的过程中体会付出的快乐。家长要教孩子做一个有爱心的人，还可以包括对小动物的爱心。孩子对动物天生的喜爱之心更容易激发孩子的爱心，如果家庭允许，还可以养一只小宠物来帮助孩子培养爱心，或者带孩子给小区周围的流浪猫狗投放食物，让孩子学会关心生活中的弱势群体。家长要对孩子的爱心行为多加鼓励，让孩子体会到帮助关心别人的幸福感，孩子才会更有动力。有爱心容易，保持爱心并且一直能够付出爱心却很难，要让爱心伴随孩子一生，家长也要为孩子树立榜样，和孩子一起做个有爱心的好人。

第六章 引导孩子在培养责任感的过程中提高情商

◎ 第六章　引导孩子在培养责任感的过程中提高情商

有责任感的孩子更容易获得成功

　　小郑是个初二的学生，他平时不喜欢"麻烦"。对那些他认为是"麻烦"的事情，他都会偷工减料。由于现在的学校的教育都是让孩子德智体全面发展，很注重他们实践能力的培养，因此，每当假期的时候，老师都会给大家布置一些实践活动。

　　有一次，老师让同学们进行一次问卷调查，并且要录音采访，每七个人一组进行活动。小郑虽然也要参加，可他对这件事的态度就没有其他同学积极。以前也有过这种问卷调查的活动，只不过不必录音，只需要写一张问卷就可以了。也正因如此，小郑可以偷工减料，自己填单子。

　　同学们对小郑很了解，知道他以前做过这样的不负责任的事，因此，组长在分配任务的时候对小郑叮嘱很多次，要他不要再自己填单子了，并且在找人询问的时候要记得录音。

　　小郑并不是笨孩子，也知道这次任务不能再偷工减料了。小郑在分头行动调查时的工作做得很顺利，找了两三个人，都很配合工作。这时，小郑就想，这么容易的事情一会就做完，并不急这一会儿。

　　正巧这时，小郑的肚子饿了，他就放下了工作去吃饭了。吃完饭，他也没有急着继续工作，而是逛了会儿街，买了一些零食。眼看大家约定的时间就要到了，小郑这才想起来要继续访问。但是，这次并没有那么顺利，很多路人都不愿意配合他的调查。

就这样，小郑还没有调查几个，大家集合的时间就到了。当大家汇报成果时，唯独小郑的任务没有完成。大家对小郑都很不满，如实地把事情告诉了老师，并且给了小郑严厉的处分。不仅如此，由于缺少小郑的调查内容，大家的报告并不完整，最后以失败告终。

责任感是孩子成功做事的根本保障。如果孩子没有责任心，那么他就无法取得成功，甚至会给集体或他人的利益带来影响。上述案例中的小郑就是一个缺乏责任感的孩子，他在进行问卷调查时没有把自己的利益和集体的利益放在第一位，也没有想如果自己完成不了任务的后果。因此，他放弃了自己应该做的责任没有完成任务，导致集体也无法调查成功。

有责任感的孩子往往更懂得坚持，在做事时比其他孩子更加认真、负责。因此，他们就更容易取得成功。反之，如果孩子没有责任感，那么就不懂得为自己和他人的利益着想。当他在做一件事情遇到了困难时，就会轻而易举地放弃责任，无法取得成功。

孩子因为缺乏责任感而走向失败的例子有很多。比如，有些孩子在帮助他人做事时没有尽力，总是轻言放弃。有些孩子在做事的时候总是马马虎虎，不懂得谨慎细心。还有些孩子做事只求结果，根本不理会结果"质量"的好坏等。这些行为都是缺乏责任感的孩子才会犯的错误，他们往往会因为这些陋习而无法取得成功。

综上所述，拥有责任感的孩子才能更容易获得成功。家长要让孩子认识责任的重要性，才能让孩子更加有责任感。以下方法供家长们参考。

1.让孩子知道有责任感才能有前进的目标和动力

动力和理想是孩子进步的源泉。可是，如果孩子没有责任感，就会缺

◎ 第六章　引导孩子在培养责任感的过程中提高情商

少人生的目标。这样的孩子在做事时就会缺乏动力，也就意味着他们比其他孩子的能力稍微逊色一些，不容易取得成功。因此，家长要培养孩子的责任感，让他们为自己和他人都负责，才能让他们离成功更近一步。

上述案例中的小郑是个对自己和他人都不负责的孩子。在和同学们配合做调查报告时，由于他缺乏责任心，导致整个小组没有完成任务。他的这个行为不仅损害了自己的利益，又阻碍了集体的成功。

因此，家长要培养孩子的责任感，让他有做事的动力和目标，他才能逐步走向成功。首先，让孩子知道责任和成功的联系。一个没有责任感的孩子在做事的时候不懂得考虑全局和后果，没有其他孩子努力，就会导致他无法取得成功。

其次，让孩子在做事时树立明确的目标，他才能更加有责任感。以上述案例中的小郑为例，他的家长就应该让他给自己树立目标。比如，在规定的时间内完成一定的任务量，在调查结果出来之前要写多少报告等。当他有了这些目标之后，他才能督促自己努力去完成，也就会更加有责任感。

2.让孩子知道责任感能让他更加持之以恒

小林是一个很有责任感的孩子，他上高中之后发现很多同学有抄作业的习惯。可是他并没有像那些同学一样，而是在每次做作业时对自己说："这是我的任务，我要对自己负责，要坚持把它做完。"

由于小林对自己负责，每次都能坚持完成课后作业。因此，他的作业完成的效率非常高。在考试中，他的考试成绩也远远超过了那些抄作业的同学，最终取得了学习上的成功。

如果上述案例中的小林是个对自己不负责的孩子，不懂得坚持履行学生做作业的义务，那么他就无法取得学习上的成功。

一个没有责任感的孩子不懂得坚持，无法取得事业上的成功。反之，有责任感的孩子，无论遇到什么样的困难，都能坚持去完成自己的任务。因此，家长要让孩子学会坚持，让他更有责任感。

3.让孩子知道责任能使他变得更强

小冉是个五年级的学生，她在学校的学习成绩很好，很受老师同学喜欢。于是，就把她选为了班级的班长。

小冉的班主任是个语文老师，由于他们班级的孩子写字都不好看，老师担心学生写字不好会影响他们以后的考试成绩，就要求他们每天都写两页钢笔字，然后把这个检查的任务交给了小冉。

起初，小冉也非常用功地练字。可是，没过多久，她练字的热情就降低了许多。由于每次都是她检查同学们练字的情况，因此，小冉开始偷懒不练字了。不仅如此，还有些和她关系好的同学也没有以前那么认真了。

小冉的这种对自己不负责的做法不仅让她的书法没有得到锻炼，还导致她养成了做事马虎、不懂得坚持的陋习，最重要的是她不监督同学们练字的情况，导致很多同学的字都没有长进。

那些用心练字的孩子经过长时间练习，字写得比以前漂亮很多。可是，像小冉她们这样偷工减料的孩子就没有任何进展。当老师知道这个事情后，对小冉非常失望，就把她班长的职位撤掉了。

孩子的能力需要后天的培养才能更加优秀，可是，有些孩子在成长的过程中缺乏责任心，这就让他们的能力无法得到有效的锻炼与培养。就像上述案例中的小冉，她身为班长，应该为同学们负责，为自己负责。但是，她在监督大家练字时却忘记了自己的责任，选择了用投机取巧的方式蒙混过关。由于小冉的不负责，导致她和同学们都没有练好字。

孩子能力的培养与他的责任心有很大的联系，比如，有些孩子在听课时不对自己负责，会分神去想一些其他的事情。有些孩子在参加体育比赛时，没有对自己和集体负责的心，会轻言放弃。还有些孩子，在需要他坚持做一件事的时候总是抱着无所谓的态度，不懂得责任的概念，意志力就会受到影响，从而变得薄弱，不懂得坚持。

4.让孩子学会对自己负责

家长在培养孩子的责任感时，要让他懂得为自己负责，这样才能让他在学习和生活中学到更多的知识，增加自己的能力。如果孩子不懂得对自己负责，那么他在学习时就会三心二意，导致他学到的知识很不扎实，无法使自己的能力得到培养和提高。

前面案例中的小冉，身为班长，却没有做到为自己和大家负责，而是选择用投机取巧的方式逃避练字的任务。小冉不仅自己不写，还包庇同学们，这就导致他们在练习钢笔字时没有取得良好的效果。而那些对自己负责的同学就会坚持练习，从而让自己的字写得更漂亮，提高了自己这方面的能力。

由此可见，孩子只有学会对自己负责，才能让他的能力更加提高。首先，家长要培养孩子的上进心。没有上进心的孩子总是随波逐流，不懂拼搏和努力。再以小冉为例，如果有一颗上进心，那么她就会担心自己不练字就会被其他同学超越。这时，她就会对自己负责，更加努力地练习钢笔字，从而使她的字越练越漂亮。

其次，家长应该给予孩子一些必要的压力。孩子在成长的过程中，没有压力就没有动力。有些孩子不懂得坚持，就无法对自己负责。这时，家长应该给他们一些压力，帮助他们做到为自己负责。比如，语言督促孩子、奖励诱惑孩子、采取一些惩罚措施等。当孩子懂得为自己负责之后，他就能学到更多的知识，增强自己的能力，变得更有力量。

5.让孩子懂得对他人负责

团结的力量往往比一个人的力量要强大许多，孩子在学习和生活中也要懂得这个道理，才能让他的能力更加提高。责任是维持一个集体凝聚力和执行力的重要元素，所谓凝聚力就是信任和尊敬，而执行力就是能力。因此，家长要让孩子学会对他人负责，才能提高集体的凝聚力，从而提高集体和自己的执行力。

以前面案例中的小冉为例，如果她懂得为集体负责，就不会纵容其他同学在练字时偷工减料。当同学们的字都得到锻炼之后，他们在以后的发展中就会比那些写字不好的孩子更加优秀，这就是能力的培养。不仅如此，当集体中的每个人都有责任感时，他们进步之后就会为大家传授经验，这样就能让大家少走很多弯路，这就是责任的力量。

因此，家长要让孩子懂得为他人负责，与大家一起进步，他们的力量才能越来越大。

6.孩子要在"点滴"中培养责任感

小玲刚上初中二年级，她的个子比较高，身材也比较匀称。因此，她被选为了学校的唯一一名女护旗手，在每周的周一担当升旗护旗的任务。小玲当上护旗手之后感到非常自豪，每天都会练习升旗的动作，把升旗当作一种神圣的责任。

有一次，学校要开运动会。由于护旗手只有小玲一个女生，老师怕

◎ 第六章　引导孩子在培养责任感的过程中提高情商

其他男生不够细心，就把运动会当天的升旗任务都交给小玲管理。小玲接受这个任务之后并不敢怠慢，很快就组织大家一起进行训练。

时间不久，运动会就要开始了。小玲等人在训练时，有个男生就对小玲说："咱们那天用哪面国旗啊？这面国旗有些脏了，如果不拿去洗洗，或者换面新旗，等到运动会开幕的时候有些不太好看吧。"

小玲听了同学的话之后并没有把这件事情放在心上，她说："老师只告诉咱们作好升旗的准备，至于国旗是否要换新的，不是咱们应该管的事。"

由于老师已经指派小玲管理这些事项，因此，当小玲说不管之后，同学们也就没有什么意见了。等到了运动会那天，小玲等人把那面旧国旗拿出来了，老师看见后就问："这面国旗这么旧了，你们怎么不找人换面新的？"

一个护旗队员说："小玲队长说我们不用管这个事情，我们的责任是升旗。"

老师听了这句话之后对小玲很失望，然后批评他们说："既然把升旗的任务交给了你们，你们就要负责到底，把每件事都做好，换面新国旗也是你们的责任。"

幸亏有老师准备了备用的国旗才把这件事化险为夷，小玲非常懊悔自己的行为。从那以后，她做事再也不敢怠慢了。

孩子在履行自己应尽的义务时，不能把自己应该做某事、不应该做某事的定义定得太严格，而是要把与自己责任相关的事情也处理得当，这样才是尽职尽责。否则就会像例子中的小玲一样，她在管理升旗的任务时只把升旗当作自己的责任，并没有管国旗的新旧，这就是一种不负责任的表现。

其实，责任就是做好每一件该做的事，比如，当孩子擦完黑板之后就应该把抹布洗干净，把脏水倒掉；当他做完剪纸之后，就应该把垃圾处理掉；当他在交作业时，就应该把作业摆放整齐。这些都是孩子应该做的小事。如果孩子只把擦黑板、剪纸、交作业当作自己的任务，而不把善后工作做好，那么他就是一个没有尽到责任的孩子。

如果孩子养成了这样的性格，就会导致他做事不够细心，办事能力下降，从而变成一个不负责任的孩子。不仅如此，这样的孩子在做事的时候总会给自己或他人留一些后顾之忧，结果是得不到大家的信赖。

7.让孩子学会细心做事

当孩子做一件事时，如果不能够细心谨慎，就容易出现纰漏，不能尽职尽责地完成任务。反之，如果孩子懂得细心谨慎地去做好每一件事，那么就能让他对这件事更加认真负责，增强他的责任感。

以前面案例中的小玲为例，由于做事不够细心，没有理会国旗新旧的问题，导致她没尽到自己的责任，得不到大家的信赖。由此可见，家长要让孩子谨慎做好每一件事，从而达到培养他们责任感的目的。

首先，让孩子学会善于观察。孩子善于观察生活，才能及时发现他在做事时存在的问题，从而使他做事更加细心。其次，让孩子懂得责任就是负责到底。把事情做好是孩子有责任心的表现，而有些孩子在做事的过程中已经观察出了问题，可是却没有拿出相应的措施。就像小玲一样，她明明知道国旗需要换新的，可是认为这件事情和她没关系，这样的观点就是对整个事情的不负责。

当孩子养成不负责任的性格时，家长应该及时帮他改正，让他懂得责任的概念就是负责到底。如果孩子在做事时发现了问题，就应该及时把问题处理得当，这样才能增加孩子的责任感。

8.让孩子懂得责任不分大小

有很多有责任感的孩子在做事时都会出现一些纰漏，这是因为他们没有把一些"小事"放在心上。当孩子有了这样的观点之后，就不能说他们是有责任心的孩子了。其主要原因是，责任不分大小，只有努力去完成自己应尽的责任，把每件事情做好，才能让孩子更有责任感。

然而，有些孩子懂得责任的含义，可是在做事时却表现得缺乏责任感，这样的情况是因为他们没有深刻地理解责任和责任心的含义。责任是一个人不得不做或必须承担的事情，是一种强制的义务。而责任心是人对自己履行责任的一种态度，这种态度完全取决于人本身对责任的认识程度。如果孩子没有弄清楚这两个概念，他就会忽略一些自己应该做的比较小的事情。但是，责任不分大小，不要因为某些小事"不起眼"就不做，那会导致孩子的责任感缺失。有责任心的孩子就应该把每件分内的事情，不管大事小事都做得妥当，这样的做法才是正确的。

责任心是赢得大家信赖的法宝

小波是个刚上初一的孩子，由于城市规划的原因，他们校区进行了搬迁。因此，他们进入新校区之后需要打扫卫生。

小波和几个同学的任务是打扫实验室。到了实验室，大家都被眼前的一幕惊呆了，这里实在是太脏了。虽然如此，他们还是开始认真地打扫卫生了。小波是个比较懒散的孩子,并不想在这里搞卫生。于是,他就游手好闲地帮点小忙,根本没有出多少力。

这时,有同学过来告诉大家,老师让他们把三楼走廊的镜子也擦干净。小波听了之后,来了点子,和大家说:"我有擦镜子的经验,我去吧,保证完成任务。"

大家看他这么自信满满,就答应了。当他到了三楼之后,并没有擦镜子,而是选择了找个地方歇着。等他歇了一会儿之后,胡乱地擦了擦镜子,根本没有把这件事当成一种责任,也没有想他完不成任务的后果。

小波在三楼待了一上午。当中午快放学的时候,小波才回到实验室。让小波没有想到的是,这里的环境居然焕然一新了,又看到这些同学们累得满头是汗,一定是吃了不少苦。

有同学问小波:"你镜子怎么擦这么久啊,擦好了吗?"

小波说:"好了,好了,有点不好擦,不然早擦完了。"

大家对小波的话很信任,就没有去检查。可是,当老师去检查时发现镜子并没有擦干净。由于他们几人是一个整体,老师就罚他们集体留校把镜子擦完。

大家对这个结果很不满意,有女生说:"你怎么能这样啊?我们这么信任你,你怎么这么没有责任心啊。"

有了这次教训之后,大家就不再信任小波了。

一个有责任感的孩子往往比较容易得到大家的信赖,赢得大家的尊重。反之,如果孩子没有责任心,也就不会得到大家的信任。就像上述案例中的小波一样,由于缺乏责任心,导致他没有完成大家交给他的任务。

最后，由于他的不负责任，让大家一起受到了老师的责罚，大家再也不信任小波了。

责任心是指孩子对自己、亲友、社会和国家负责的一种人生价值观，其中包括孩子对责任的认识、情感和承担责任的义务。责任心是孩子为人处世的基础，有责任心的孩子会赢得更多人的信任与尊重。反之，缺乏责任心的孩子会受到社会的唾弃。

孩子缺乏责任心的表现形式有很多，比如，有些孩子答应他人的承诺后不去努力兑现承诺；有些孩子在做一件事时不懂得坚持，总是半途而废；还有些孩子总是应付了事，不懂得把事情做得妥当。这些都是孩子缺乏责任心所造成的。

如果孩子缺乏责任心，他的人格就无法得到完善，久而久之就会养成一些陋习，比如意志力薄弱、做事拖泥带水、答应他人的事情做不到等。这些不良的陋习不仅会给孩子的成长带来不利的影响，还会失去他人对自己的信任。因此，家长要培养孩子的责任心，才能让他受到大家的信赖。以下方法供家长参考。

1.让孩子知道言而有信是负责任的基础

诚信与责任有密切相关的联系，孩子想要成为一个有责任感的人，那么就要做到言而有信。反之，如果孩子总是出尔反尔，那么他就无法履行自己的责任。就像前面案例中的小波一样，他在和大家一起劳动的时候没有信守承诺，导致他们集体受到了老师惩罚，这就是他不负责任的表现，小波也因此而失去了大家对他的信任。

由此可见，孩子只有做到言而有信才能让他更好地为自己和他人负责，从而赢得大家的信赖。

首先,让孩子知道做不到的事情不要答应他人。有些事情,孩子如果不会做或做不好,就不要答应他人。否则,当事情无法取得理想的效果时,孩子就会背负言而无信和不负责任的恶名。就像前面案例中的小波一样,他明明不会擦镜子,却依然要去做,这才让他在他人面前失去信任。

其次,要让孩子懂得:努力履行承诺是一种责任。有些孩子有能力去帮助他人做一些事情,于是答应了别人。可是在这个过程中往往会遇到一些的难题,这些孩子在遇到困难之后就轻言放弃,对别人说:"这太难了,我不行,你找别人吧。"这就是一种不负责任的表现。当大家知道孩子总是出尔反尔之后,就会对他失去信任。因此,家长要让孩子懂得:既然答应了别人就要努力去完成,而不是轻言放弃。如果前面案例中的小波也能明白这个道理,那么,他就能坚持把镜子擦干净,避免大家一起挨罚。

2.勇于承担才能赢得大家的尊敬与信赖

勇于承担是孩子有责任感的表现。无论结果是好还是坏,只要能够勇于承担,那么就能赢得大家的尊敬与信赖。反之,如果孩子在做错事或无法完成自己应尽的责任时不懂得承担,那么他就无法得到他人和自己的原谅,无法取得大家的再次信任。

小军是个初二的学生,他在一次运动会时帮班级出去购买急救箱内的药物。可是,由于小军的马虎,忘记给同学们买纱布了。等他回到学校之后才知道这个事情。小军对自己的行为非常懊悔,非常诚恳地向同学和老师道歉。

同学们看到小军勇于承担责任,就原谅了他,并且帮助他把纱布买回来了。

◎ 第六章 引导孩子在培养责任感的过程中提高情商

小军就是一个勇于承担的孩子,他没有完成自己应该做的任务之后勇于承担责任,这才没有失去大家的信赖,并且让大家更加尊重他。由此可见,责任需要孩子勇敢地承担,只有敢作敢当才能赢得大家的信赖。

有家庭责任感的孩子更受欢迎

中秋节时,灵灵的表妹欢欢一家来灵灵家里做客。一家人热热闹闹地坐在一起吃月饼,还准备了一大桌丰盛的晚餐。

饭后,欢欢主动收拾起桌子来,把空碗筷小心翼翼地拿到了厨房,擦桌子扫地更是样样熟练。家里人忍不住对欢欢赞不绝口。而作为姐姐的灵灵却在一边拿着遥控器一个接一个换着频道看电视,时不时被动画片逗得哈哈大笑。

"灵灵,你看妹妹多懂事,还知道做家务。你看看你,做姐姐的人还在一边贪玩,真是不知道脸红啊。"灵灵妈妈看着不懂事的女儿,无奈地说。可是,灵灵还是在沙发上看着自己的电视。欢欢看着阿姨,甜甜地说:"阿姨,你不要怪姐姐,今天人多嘛,不需要姐姐帮忙也行啊。我也会帮您做的嘛。"

灵灵不以为然地想:"不就是收拾个碗筷嘛,哪里还要那么多人干,我才不想干呢!"

灵灵在家，基本什么家务都没有做过。妈妈以前总是觉得她还小，不想让她插手。可是，妈妈发现灵灵现在是越来越懒了，都上小学四年级了，在家还是什么都不做。而且对于做家务，灵灵也是一窍不通。妈妈不知道的是，在学校里，灵灵也是不喜欢值日，经常因为这个和同学闹矛盾。

灵灵最讨厌大扫除了，因此也不喜欢星期五的下午的每周打扫卫生时间。一次打扫卫生，灵灵被安排打扫教室。她皱着眉头对同学说："那么多尘土，我不想打扫教室。"小组长只好安排她清理垃圾桶。"哎呀不行，那不是尘土更多了嘛，多脏啊。"灵灵撇撇嘴厌恶地说。

"那你说，你要干什么？"小组长也生气了，"你嫌弃尘土多，别人就不会觉得多了吗？灵灵，你怎么这么自私！"

"我在家可是什么都没做过呢。所以啊，我怕我做不好嘛。这样吧，我去擦玻璃好不好？"灵灵连忙说。

看着她笨手笨脚擦玻璃的样子，同学们都忍不住嘲笑她："果然是家里的公主啊。呵呵，你看那玻璃，还不如不擦呢！"

"是啊，还挑三拣四的，一点责任感都没有！"

灵灵很不开心："我就是不会做家务而已，怎么我就没有责任感了？真是的！"灵灵一点也不知道自己错在哪了。

上述案例中的灵灵有点类似于"衣来伸手，饭来张口"的"小公主"。在家里，她可以"十指不沾阳春水"，在集体生活中却不能事事都由别人替她做好。因此，在同学们眼里，灵灵就是一个没有责任感和奉献精神甚至自

◎ 第六章 引导孩子在培养责任感的过程中提高情商

私自利的人。这样一来，她自然不能受到同学们的欢迎。灵灵的这种行为其实和家长是有很大关系的。现在，有很多家长以"孩子小""学习重要"为由，不让孩子在家做任何家务，生活上的一切都由家长一手包办。如此一来，孩子的自理能力不强，也不懂得如何关心和帮助别人，很难融入集体生活中，人际关系也会出现很多问题。所以，家长就要从做家务开始，锻炼孩子的动手能力，培养孩子的责任感，让孩子能更好地与别人相处。这里有几点建议，希望能对各位家长有所帮助。

1.家长不要剥夺孩子做家务的义务

很多家长都会以"学习重要"或"不需要孩子帮忙"为理由而"剥夺"孩子做家务的义务，让孩子失去了锻炼的机会。这样一来，孩子很容易养成懒惰、不劳而获等不良习惯。更重要的是，让孩子意识不到自己需要为家里或集体作贡献，实现自己的价值。在集体生活中，孩子就会显得比较自私懒惰，不懂得为集体和他人着想。同时，孩子没有较强的自理能力，对日常生活也会造成不便。因此，家长要让孩子学着做家务，并在力所能及的范围内多帮助家长。这样可以增进亲子感情，让孩子意识到自己对家庭的责任和意义，孩子也不会因为动手能力差而被他人排斥。

2.家长要教孩子明白做家务的意义

在生活中，人们时常会发现这样的现象：孩子做家务有条件，向家长要报酬或奖励，在没有好处的情况下绝不主动帮助家长做家务。用物质的方式来敦促孩子做家务不失为一个方法，但是家长不能让孩子把做家务作为一种获取酬劳的方式，甚至仅仅是为了获得利益才动手。家长要让孩子明白：做家务是为了替家人分担劳动，初衷是为了帮助别人，而不是获取利益。做家务是作为家庭成员的义务与责任，是为了体现自己的价值，是表达亲人之间的关心。同样，在集体中也是为了帮助别人，为了大家共同的利益，要让孩子主动地帮助别人并为自己的行为感到愉快。

3.家长要鼓励孩子做家务

今天是周末，淳淳发现平时起得特别早的妈妈今天却躺在床上。于是跑过去问妈妈："妈妈你怎么了？"

"没事，淳淳，妈妈就是有点不舒服，可能是感冒了。"妈妈说。

"那妈妈你休息一下，今天我来帮你做家务好不好？你先等一下，我去帮你倒杯水。"淳淳很快端着一杯水，像个大人似的对妈妈说："今天你就好好休息吧。饿了、渴了就告诉我啊。"

淳淳学着妈妈的样子，系着一个围裙，戴上了自己的小帽子，在卫生间里哗啦啦地洗着自己昨天换下来的衣服。

"淳淳，你洗不干净，你放着，我来洗吧。"妈妈笑着对一脸认真却手忙脚乱的淳淳说。

"不行，妈妈生病了，我就要帮妈妈做家务。妈妈平时那么辛苦工作，周末还要帮家里打扫卫生。我现在长大了，就要照顾妈妈了。"刚上小学的她一本正经地说。

"呵呵，淳淳真的是长大了啊，都会做家务了。"

"是啊，我在学校里会做好多呢，扫地、擦桌子，我都会做。妈妈你放心吧，等会儿你来检查哦！"

用金钱或其他物质来敦促孩子做家务，是鼓励孩子主动的方式之一，但不是主要方式。家长对孩子要以情感鼓励和赞扬为主，让孩子觉得自己的付出是被认可的，是有价值的。这样，孩子才会更有热情继续为家庭付出，并主动承担家务。在孩子做家务后，家长也不要觉得这是理所应当，要对孩子及时进行表扬和鼓励，得到家长认可的孩子自然会以更大的热情投入为家庭的服务中去。家长对孩子的表扬和鼓励，孩子也会反馈到生活中去，即懂得感谢别人和鼓励别人。赞美是人际交往中最实用的方式。懂得赞美别人的孩子，人缘一定不会差。

爱找借口的孩子没有好人缘

乐乐今天上学时发现同桌没来。恰巧今天是同桌值日。卫生委员这下可犯了难。今天是周五，他们小组的值日生本来就少，现在还缺了一个，这可如何是好？

这时候，乐乐拍拍胸脯说："没事，我来替他打扫吧。"

"真的吗？太好了！今天要检查卫生，我们组实在分不出来人了。谢谢你啊，乐乐，你可真是好同桌。下次你打扫卫生，我们再替换你。"卫生委员高兴地说。

"乐乐，你的作业交了吗？今天还缺几个人的，你好像就是其中之一吧。"学习委员李亚笑嘻嘻地对乐乐说。

"哎呀，你看我，给忘了。嘿嘿，你放心，我肯定交，就是早上忘带了。这样吧，下午上课，我肯定交。好不好？"乐乐连忙对学习委员信誓旦旦地保证道。

"好吧,我就相信你。不过你快点啊,下午就要交给老师了,你要是不按时交,那就要你自己跑一趟了。"

"嗯嗯,一定的。"乐乐连忙点头。不过只有他自己知道,昨天贪玩,作业还没写呢。看来这个中午一定要好好做作业了。

"乐乐,中午放学一起踢球吧。"乐乐的好朋友小刚一进教室就兴冲冲地对他说,"我爸爸昨天又给我买了一个新足球,还是从国外带的呢,特别棒,一起去吧。"

"真的啊?太棒了。我好想看看你的足球。"乐乐是个地道的足球迷,一听说好朋友买了新球还要和自己一起玩,他就什么都忘了。"好啊,没问题,放学你先去操场,我一会就来了。"

中午,乐乐在教室准备做作业,刚拿出作业本,卫生委员就找上他了。

"咦,乐乐,外面走廊的卫生怎么还没打扫啊。今天下午,学校要检查的。"

"哎呀,忘跟你说了,我还有点作业没做完呢。你看看,今天下午就要交了。卫生的事我恐怕做不了了。"乐乐说。

"可是你答应我了啊。作业不是昨天的吗,你怎么还没做完?"卫生委员不满地说道,"既然这样,那你为什么答应要打扫卫生呢?"

"可是你也看到了啊,我还要做作业啊。"乐乐理直气壮起来。

"乐乐,你怎么回事,我们都等你大半天了。你怎么还不来啊?"小刚在操场晒了大半天太阳,忍不住找了进来。

"哦,我还有作业没做完呢,今天恐怕不能玩了。你去玩吧。"乐乐看着小刚说。

◎ 第六章 引导孩子在培养责任感的过程中提高情商

"你答应了的,怎么说不来就不来了啊。我们大家都在等你呢。"

"可是你看到了啊,我也有作业啊。"乐乐一点也不愿意低头。

"你怎么是这样啊。答应的事做不到还这么多借口。哼,我们自己去玩了。"小刚气呼呼地走了出去。

"就是,下次做不到就不要乱答应,现在你让我去哪里找人!"卫生委员说着,自己拿起了笤帚打扫卫生了。

"我怎么了,你们为什么跟我生气?"乐乐一点也不觉得自己有错。

上述案例中的乐乐答应了同学的事却不能做到,面对同学也没有解释,反而是理直气壮地给自己找了借口。看似是因为自己的确有事不能做到,对朋友来说,却是一种借口。不能信守承诺在人际关系的交往中是非常不好的,经常失信于人则更会给别人不好的印象。长此以往,孩子便会失去朋友的信任。这种信任一旦失去,再要建立起来会非常困难。一旦养成事事找借口或推脱的习惯,对处事和成功都会有非常大的影响。因此,家长一定要教孩子学会守信,不要遇事只会为自己找借口,在人际交往中学会承担责任,并且能够履行责任,做一个值得被别人信赖和尊敬的人。这里有几点建议供各位家长参考。

1.家长要给孩子当好表率

家长是孩子的第一任老师,孩子是家长言行举止、行为处事的镜子。要想孩子拥有优秀的品质,做事言出必行,不轻易找借口,不推卸责任,家长就要给孩子当好表率。在生活中,家长给孩子的承诺要尽力完成,即使不能做到,也一定要说明情况,而不能以"工作忙""临时有事"等说辞来推脱，随意搪塞的后果只能是孩子对承诺的意义没有深刻理解。这种习惯带到人际交往中，便是孩子也会随意不遵守承诺，习惯找借口推脱。如果不能兑现或有可能兑现不了承诺，那家长就不要轻易给孩子承诺。家长要给孩子当好表率，言传身教，才能让孩子懂得"一诺千金"的意义。

2.家长要教孩子解释

俗话说："计划赶不上变化。"谁都没有未卜先知的能力，难免会有承诺了却做不到的时候。如果遇到这种情况，家长要教孩子学会解释理由并寻求对方谅解，而不是找借口、推卸责任。一旦发觉自己不能兑现承诺时，要及时告知对方，以免误事。同时要说明情况，要有适当的语气、措辞、态度等，不要对别人敷衍了事。这样，即使孩子偶尔做不到答应别人的事，也不会让别人觉得孩子是个没有诚信的人。

3.家长要教孩子不要轻易许诺

帮助别人要在自己有能力的情况下量力而行。家长要教孩子在许诺之前估计一下自己要处理的事，合理安排自己的时间和生活，这样才能更好地帮助别人，也不会失信于人。例如本文开篇案例中的乐乐，他向卫生委员许诺要代替同桌打扫卫生后，却发现自己还有作业要做；答应学习委员下午交作业，中午却又被好朋友的踢球邀请打动了。可是他无法在同一时间做到如此多的事，在失信于许多人的同时却是"理直气壮"，为自己找了诸多借口。他的态度让原本不守承诺的他更加不被同学理解，因此导致人际关系恶化。由于年龄和经验的限制，孩子对责任感的理解不够完全，但为了帮助别人或"朋友义气"，经常容易答应别人，由于能力的限制而不得不失信于人时，却又碍于面子而忍不住为自己找借口。一旦养成这样的习惯，对孩子的发展和成长是极为不利的。家长要教孩子不轻易答应别人，帮助别人要从自己的实际情况出发，这样才能更好地与人交往。

第七章 让孩子的情商在感恩中得到提高

◎ 第七章　让孩子的情商在感恩中得到提高

告诉孩子，感恩的人才能收获幸福

俊杰今年九岁了，他的家长平时工作比较忙，便让他住在爷爷奶奶家，由他们来照顾俊杰的生活。

爷爷奶奶对于这样的安排很是高兴，他们一向很喜欢这个宝贝孙子。尤其是奶奶，每天都变着花样给俊杰做好吃的，上下学也接送，还经常到街上给他买东西。然而，俊杰却很不开心。他总是抱怨奶奶做的饭不合自己的口味，买的衣服样式过时，让他穿出去很丢人。他经常因此向爷爷奶奶大发脾气。这让爷爷奶奶很无奈。

不仅如此，俊杰还把这种情绪带到了学校里。这天，轮到俊杰所在的小组值日。组长很快就为大家安排好了任务，俊杰负责拖地。由于急着回家看动画片，他马马虎虎把地一拖就打算走，很多地方都没打扫干净。组长让俊杰重新拖一遍。俊杰顿时火冒三丈，向组长大喊大闹，认为不公平，凭什么组长可以管他们。组长看到俊杰这么生气，就没急着辩解，拿起拖把，自己把地拖了一遍。

俊杰气呼呼地回到了家，看到爸爸也在，便把自己最近的不如意跟爸爸讲了一遍，说是觉得大家都对自己不好。爸爸听完后，笑着对他说："宝贝，爸爸觉得这些事根本不算什么，不值得介意、生气啊。关键还是你自己没有学会感恩。"

俊杰感到很疑惑，不禁问爸爸："这几件事和感恩有什么关系？"

爸爸接着说道："你想啊，如果你懂得感恩，就会体恤奶奶的辛苦，想想她这么大年纪了还起早贪黑给你做饭，送你上学，就不会那么挑剔，嫌弃她做饭不合口味、不会买衣服了。还有学校里的事，组长平时多辛苦啊，不仅要完成自己的任务，还要给你们布置任务、帮忙收作业、解决你们学习中遇到的问题，对你的帮助多大啊。你得学会感恩，怎能反过来怪人家？"

爸爸的话让俊杰冷静了下来。他仔细地想了想，发现还真是爸爸说的那样，自己没能学会感恩，反而处处为难别人，实在是很不应该。回到学校后，他向组长道了歉，组长原谅了他；在家里，俊杰也不挑剔奶奶了，比以前听话多了。

上述案例中，俊杰不懂得体恤奶奶和帮助自己的组长，没有学会感恩，总是挑剔他人，认为他人做得不好。在爸爸的劝解下，他意识到了自己的错误和他人对自己的帮助，明白了他人的付出和辛苦，逐渐学会了感恩，使自己和他人更幸福。

生活中，很多家长都没有培养孩子的感恩之心的意识。这主要有两方面的原因：一方面，一些家长并不认为感恩对于孩子来说是很重要的品质，也就不注意培养；另一方面，一些家长对孩子过于宠爱，导致他们比较任性，凡事以自我为中心，不懂得体谅别人。再加上孩子年龄小，心智不成熟，很难学会感恩。长此以往，他们的人际关系也会受到影响，性格发展不成熟，不利于他们将来步入社会。

对于孩子来说，只有学会体谅别人，并懂得感激别人的帮助，才能与别人和睦相处，才能逐渐成长为一个懂事、成熟的好孩子，在人生路上收获幸福。因此，家长在平时的生活中要注意教孩子学会感恩和回报，让他们知道，这是得到幸福的必备品质。以下是一些供家长参考的相关建议。

◎ 第七章　让孩子的情商在感恩中得到提高

1.给孩子讲一些不懂感恩的反面事例

为了让孩子知道感恩的重要性，家长可以给他们讲一些有关的故事，尤其是一些反面事例，更能让他们明白不懂感恩的后果，从而懂得感恩的重要性。家长可以给他们讲讲渔夫和金鱼的故事，让孩子知道不懂感恩、贪得无厌的后果是一无所得，甚至受到惩罚；也可以给他们讲讲东郭先生与狼的故事并告诉孩子，狼的结局是由于它自己不懂得感激东郭先生的救命之恩反而恩将仇报造成的。这些故事不仅能引发孩子的兴趣，也能让他们懂得感恩的意义和重要性，为他们学会感恩奠定基础。

2.在日常生活中以身作则

除了讲故事之外，家长在日常生活中也可以通过自己的一些表现来让孩子看到感恩的成效。在孩子因一些事表达了自己对家长的感谢之后，家长应该表现出自己的欣慰。比如当过生日或相关节日时，如果孩子送上了自己的祝福，家长可以表扬他们，夸他们懂得感恩；当孩子懂得体谅家长，会帮家长做些家务或感谢家长的付出时，家长要表现出自己的欣慰，告诉孩子自己很高兴。这样做会让孩子懂得，自己的感恩会让家长欣慰、开心，会让生活更幸福，便会更加懂事，更加明白感恩的重要性。

3.让孩子懂得感恩会让他们有满足感

一些孩子在生活中比较任性、骄纵，总是以自我为中心，常常挑剔他人、苛求他人。对此，家长更要教他们学会感恩。只有让他们学会感恩，他们才能看到别人对自己的帮助和付出，才能体会到他人的辛苦，懂得体谅别人、感激别人，对生活状态有满足感，不会总想得到什么或是对他人提出过高要求。这会增强他们的幸福感，让他们更热爱生活。

4.让孩子在人际交往中体会感恩的重要性

除了上述方法之外，家长也可以让孩子在人际交往的过程中，自己去体会感恩的重要性，从而懂得感恩。比如在与人交往的过程中，当孩子帮助了他人却得不到感谢的时候，孩子自然会不开心，家长就可以借此告诉孩子感恩的重要性。当孩子接受了别人的帮助却没有表达感谢时，很可能会影响他们之间的关系。这时，家长就可以出面指出孩子的不当之处，让他知道不懂得感恩的后果，从而明白感恩在人际交往中的重要性，使他逐渐成长为一个懂得感恩的人。

孩子应该回报他人的友善和帮助

李伟和成成都是四年级的小学生，两人是同班同学，也是很好的朋友，从小一块长大，经常在一块玩耍。

升入四年级之后，数学知识比以前复杂了，还有不少需要发挥想象力的几何知识。这可让基础不太扎实的李伟犯了难，很多知识，他都没搞懂。课堂上听不懂，作业题也有很多不会做，总是跟不上大家的节奏，成绩落后不少。这些，成成都看在眼里，很为李伟着急。一有时间，成成就会给李伟补习功课，耐心地给他讲解那些不会做的题目，还做了不少模型来帮他理解几何知识。在成成的帮助下，李伟的成绩有了显著的提高。爸爸妈妈很是开心，还让李伟好好感谢成成。李伟却觉得朋友之间互相帮忙是应该的，用不着感激。

不久，李伟得了重感冒，请假回家休息。成成马上去李伟家看望他。李伟告诉成成，自己担心数学会再因生病而落下，所以希望成成能够每天抽点时间来家里为他补习。没想到成成却很为难，他告诉李伟，自己一向喜欢弹钢琴，妈妈最近为他请了一位家教，每天放学后都得上钢琴课，所以很难再来为李伟补习，希望他能理解。听到这话，李伟便有些生气了，他觉得身为朋友，在自己困难的时候却不帮助自己，太不够意思，这种朋友不值得交往。他对成成发了脾气，成成沮丧地离开了。

李伟把这件事告诉了妈妈，并说对成成很失望。没想到，妈妈听完后却很冷静，她对李伟说："孩子，依妈妈看，这件事成成并没有错，错的是你。"

这让李伟大吃一惊，他不禁问妈妈为什么这么说。

妈妈说："你想想，即使是最好的朋友，也没有帮助你的义务啊。人家肯帮你，那就是对你好。可是你呢，丝毫不懂得感谢人家。你看上次，成成帮了你那么大的忙，你却什么都没有表示，连声谢谢都没说。这次，你有困难，可他自己也有难处啊。要体谅他，不能要求别人无条件为你做这做那。你要学会感恩和体谅。"

听了妈妈的话，李伟不禁低下了头。是啊，他真的没有对成成表达过自己的感激，却总是要求人家帮自己忙，甚至要求他改变自己的计划。李伟意识到了自己的错误，并向成成道了歉。两人很快和好了，李伟也从这件事中知道了感恩的重要性。

上述案例中，李伟在与成成相处的过程中，虽然帮了自己很大的忙，却没能学会感恩，从来没有对成成表达过感激，还要求他为自己做更多的事，一旦不如意就发脾气。在妈妈的劝解下，李伟意识到了自己的错误，与成成和好如初，也由这件事意识到了感恩的重要性。

生活中，很多家长都没能教会孩子懂得感恩别人的友善和帮助。这主要有以下两种原因：首先，孩子年龄小，很难自发地去懂得感激别人的友善和帮助。其次，一些家长对孩子过于宠爱，对他们的要求总是尽量满足，导致孩子任性自大，以自我为中心，甚至觉得别人为自己做事是理所当然的，也就不会产生感激之情。长此以往，孩子很难明白感恩的重要性，对于别人的友善和帮助很难表达出感激，这对他们的人际交往是很不利的。

只有教孩子学会感恩他人的友善和帮助，他们才能真正明白感恩和帮助他人的意义，才能顺利地表达出自己的感激之意，才能与人和睦相处，逐渐成长为一个拥有感恩之心的好孩子。这对他们未来的发展来说也是很重要的。因此，家长在平时的生活中一定要培养孩子的感恩之心，让他们学会感激别人的友善和帮助。以下是一些相关建议，家长可以参考借鉴。

1.让孩子明白别人的帮助并非义务

一些孩子之所以对别人的帮助无动于衷，没有感激之情，是由于他们以自我为中心，甚至觉得别人为自己做事、帮自己的忙是理所当然的，不需要感谢。对此，家长要告诉孩子，除了职责所在之外，别人帮自己的忙并非是义务，是应该感激的。比如当同学为自己解答了题目，即使没什么实质性的表现，至少应该说一声"谢谢"来表达自己的感激。只有让孩子明白了这一点，他们才会知道别人的帮助的可贵性，才会去感激别人的付出和帮助。

2.让孩子感谢别人对自己的帮助

要想让孩子懂得感恩别人的友善和帮助，家长自己要做好榜样。生活中，当接受了别人的帮助之后，家长要表示自己的感谢。尤其是孩子帮了自己的忙之后，更要感谢他们。比如孩子帮自己做了家务之后，要对他们表达谢意。这样做会让孩子明白，即使是家人帮了自己的忙，也应感激。由此他们就会明白感恩的意义和重要性，在生活中学会感激他人的付出和帮助。当然，家长也可以通过参与孩子的报恩活动来进一步教他们学会感恩。

3.让孩子明白及时帮忙也是一种感恩

除此之外，家长要让孩子明白，感恩并不仅仅包括说谢谢等行为，待人友善并及时帮忙也是一种回报，也是感恩的一种表现。家长要让孩子学会，生活中接受了别人的帮助之后，不仅要及时表达谢意，也要学会以同样的友善和热心来回报。不管是谁遇到困难，都要及时出手相助，这是感恩的一种表现，也有助于与人之间的交往和社会的发展。

4.提醒孩子不能仅为感激和回报而帮助他人

虽然懂得感恩和回报很重要，但家长同时要让孩子明白：不能为了得到别人的感激和回报才去帮助他们。家长要告诉孩子：与人友善、热心帮忙是对自己的要求，是应该做到的事，不应该有所目的。不管那人有没有帮助过自己、会不会给自己感谢和回报，都要对他友善，他遇到困难时要及时相助。只有这样，孩子才能真正明白感恩的意义，才能成长为一个懂得感恩和帮助他人的孩子。

教孩子明白，有的付出是自己应尽的义务

陆凯今年十一岁，是家里的独生子。

由于是家里唯一的孩子，所以陆凯在家就像小皇帝一样，备受大家宠爱。尤其是他的家长，总是尽量满足他的所有要求，给他洗衣服、端饭、买零食，每天还得接送他上下学。时间长了，陆凯养成了刁钻骄纵

的个性，稍有不如意就向家长大发脾气。

不仅如此，在学校里，陆凯的表现也不好。他自理能力差，经常需要同学帮助他收拾东西；学习上遇到困难时也总会让同学帮忙，却很少感谢他们。渐渐地，大家都不愿意跟他交往了。有一次，陆凯向同桌借了十元钱，过后竟然没有还，还振振有词。最后还是爸妈出面帮他还了钱，解决了问题。

这天，妈妈生病了，躺在床上休息。看到陆凯写完了作业，妈妈便让他去把垃圾倒了。没想到，这竟然被陆凯一口回绝了。妈妈感到很生气，她对陆凯说："孩子，想想爸爸妈妈平时为你做了多少事？又是吃饭又是穿衣，你怎么就不能为妈妈做这么一件小事呢？现在是你该关心妈妈、回报妈妈的时候啦。"

陆凯对此却不以为然，他对妈妈说："你们是大人，照顾我是应该的，是你们必须做的事。可我回报不回报是我的事，不是必须做的，所以我不想做就不做。"

听完这话，妈妈彻底无奈了。想了一会儿，她把陆凯叫过来，语重心长地对他说："陆凯，妈妈知道你还小，还不明白一些事，现在妈妈讲给你听。你说照顾你是我们必须做的事，这没错，我们也做到了；可妈妈还想告诉你，你也应该照顾我们，这既是回报和感恩，又是你的义务，是你必须做的事，而不是不想做就可以不做的。包括上次那件事，借了人家的钱就应该还，这也是义务。你明白了吗？"

这时，陆凯才明白，原来并不是所有的感恩和回报都是可有可无的，有的是必须尽到的义务呢。看来以前自己太过分了。他马上把垃圾给倒了，还帮妈妈做了不少家务活。从那以后，他也不再像以前一样骄纵任性了，对于别人的帮助总是积极感恩回报。

◎ 第七章　让孩子的情商在感恩中得到提高

上述案例中,由于自己的不成熟和家长的娇惯,陆凯认为感恩和回报并不是必须要做的事,自己不想做就可以不做,因此拒绝了帮助妈妈,借了别人的钱也不还。在妈妈的劝解下,他明白了感恩的重要性,知道有些付出是自己的义务,他开始帮妈妈做起了家务,也不再像以前一样骄纵了。

其实,不少孩子都像陆凯一样,对于感恩和回报的认识存在一些误区。他们觉得感恩和回报别人都是自己的事,是自己可以选择的,不想做就可以不做。他们不知道,有些付出是自己必须做到的,那是自己的义务。如果存在这样的误区并长期坚持,他们就不能真正理解感恩的意义。一些该尽的义务也做不到,不利于他们的人际交往和生活,也很难成长为懂得感恩的人。这对他们的成长是不利的。

因此,在孩子的成长过程中,家长一定要让他们明白:懂得感恩和回报是很重要的,有时甚至是自己必须做的事,是必须尽到的义务。只有让他们明白了这些,他们才能更加懂得感恩的重要性,才能做自己该做的事,逐渐成长为一个懂得感恩的人,在人生路上走得开阔顺畅。那么,家长应该怎样让孩子明白自己的回报有时是义务呢?以下建议供家长参考。

1.直接告诉孩子

要想让孩子明白回报有时也是义务,家长首先要告诉他们,孝敬家长、回报家长的养育之恩就是他们必须做的事,是他们的义务之一。生活中,一些家长对孩子比较宠爱,很少让他们帮家里做事。对此,家长更应向孩子讲明:照顾、抚育他们是家长的义务,回报家长、照顾家长则是他们的义务。要让他们帮家长做些事,如做家务等,既锻炼了孩子的动手能力,又让他们明白了孝敬家长是种义务,学会感恩。

一些孩子借了别人的钱之后却不打算还,这是由于他们认为借钱是种帮忙，自己说过谢谢就行了，不需要其他的回报。长此以往，孩子与他人很容易产生矛盾，这对他们的成长也是不利的。对此，家长要提醒孩子，不要混淆概念。向别人借钱之后一定要还，这是必须做的事，是义务和责任。明白了这一点，他们就会重视这一问题，借钱之后会尽快还给别人。

2.家长要树立榜样

要想让孩子明白一些付出是义务的道理，并由此培养感恩之心，家长就要为他们树立榜样，自己在平时的生活、工作中要尽力履行职责。比如对于工作上的事要积极完成，让孩子知道，这是家长的职责，家长尽到了义务；借了朋友的钱要尽快还，让孩子明白，虽然朋友借钱是种帮助，但还钱既是感恩和回报，又是义务。只有这样，孩子才能从家长树立的榜样中明白回报也是义务的道理，会更加懂得感恩。

让孩子明白，感恩的前提是尊重

姗姗今年十岁了，是个漂亮聪明的小姑娘。可大家却不太喜欢她，因为她总是乱扔垃圾，学习态度也不太认真，上课总是走神。

这天，姗姗带了一些零食到学校吃。她把零食的包装袋都扔到了地下，这可是刚刚被值日生打扫干净的地面。班长实在看不下去了，便过来说了姗姗几句，让她尊重值日生的劳动，把垃圾捡起来。没想到，姗姗不但不捡，还和班长顶嘴，认为班长没权力管她扔垃圾。班长既生气又无奈，只得自己打扫干净。

◎ 第七章 让孩子的情商在感恩中得到提高

老师把姗姗最近的一些表现反映给了她的家长。姗姗放学回家后，妈妈把她叫了过来，问她在学校里是不是乱扔垃圾，上课也不好好听讲。姗姗低着头承认了。妈妈严肃地对她说："姗姗，妈妈觉得你这是不懂得尊重别人和感恩。"

姗姗却不服气，她问道："妈妈，你怎么和我们班长说的一样，我怎么不懂尊重别人了？"

妈妈说："你想啊，人家值日生辛辛苦苦把教室打扫得干干净净，那是人家的劳动成果。你却乱扔垃圾，把环境搞糟，破坏了人家的劳动成果，你说是不是不尊重人家？再说上课听讲的事。你的老师辛苦备课、积极讲课，恨不得把所有自己学到的知识都教给你们，你却在那里走神、说话，不仅影响了老师的讲课，也打扰了别人听课，这是对老师和同学的不尊重。还有，你平时吃饭时总喜欢剩饭，还喜欢往地上掉米粒，那些粮食都是农民伯伯春耕秋收、辛苦劳作才得来的，你这样做不是不尊重他们付出的劳动吗？"

听到这些，姗姗羞愧地低下了头，发现自己真的没有做到尊重别人。妈妈看着她，接着说道："姗姗，妈妈不是苛求你，妈妈只是希望你能成为一个懂得感恩的好孩子，知道感激别人的付出。你知道吗，要想学会感恩，首先要学会的就是尊重他人啊。"

听完妈妈的话，姗姗明白了，自己的那些行为不但是不尊重别人的表现，更是不懂得感恩的表现。从那以后，她总是尽力体恤别人的辛苦，尊重他人的劳动成果，再没乱扔垃圾，上课也很少走神了。她希望成为一个懂得感恩的好孩子。

上述案例中的姗姗不懂得体恤和尊重他人的辛劳，总是乱扔垃圾、不好好听课，也不爱惜粮食，更不用说懂得感恩了。在妈妈的劝解下，她意识到了自己的错误，明白了尊重他人的劳动、感恩他人的付出的重要性，逐渐改掉了那些坏毛病。

生活中，很多家长都没能让孩子明白尊重他人是学会感恩的重要前提的道理。一些孩子没有感恩的意识，习惯于以自我为中心；另一些孩子虽然希望感恩，却又无从下手，不知该怎样做，他们不明白尊重是学习感恩的重要内容。长此以往，他们很难发现自己身上那些不尊重他人的坏习惯，如剩饭、挑食、上课不好好听讲、乱扔垃圾等。这将导致他们很难学会感恩，对他们的成长和发展不利。

在孩子成长的过程中，只有让他们明白尊重他人的重要性，才能让他们发现自身的不足并加以完善，懂得尊重并珍惜他人的劳动成果，真正成为懂得感恩的孩子。因此，家长要让孩子明白，学习感恩首先要学会尊重他人。以下是一些供家长参考的相关建议。

1.要让孩子尊重并珍惜他人的劳动成果

要想让孩子学会尊重他人，家长首先要教孩子懂得尊重并珍惜他人的劳动成果。比如粮食，那是农民伯伯用辛勤汗水换来的，所以要爱惜粮食，不能剩饭、浪费；钱是家长的劳动成果，要珍惜，不能乱花；朋友亲手做的礼物是他们的劳动成果，不管做得怎么样，都是他们付出心血和汗水的，即使不那么喜欢，也不要轻易否定，要看到并尊重它的价值。只有让孩子学会这些，他们才能学会尊重他人、感激他人的付出、体谅他人的不易。

2.让孩子体谅别人的难处

生活中，孩子常常会因为一些事而需要向他人寻求帮助。有时，朋友却会因为其他的一些事而无能为力，帮不到孩子。比如想让同学给自己讲解一道题目，同学却没时间；想向朋友借点钱，朋友的钱却有其他用途。遇到这些情况时，一些孩子便会不满，觉得别人不帮自己，甚至会产生怨恨的心理。对此，家长要告诉孩子，寻求帮助时要体谅别人的难处，他们帮不到自己时要体谅，不能一味苛求别人。要让孩子明白，体谅别人也是尊重他人的一种体现，这是学会感恩的必经之路。

3.让孩子不要指使别人为自己做事

一些孩子在生活中被家长娇惯，便一切以自我为中心，觉得别人为自己做事是理所应当，甚至经常指使别人为自己做这做那，有不如意之处便对人发火。对此，家长要让孩子明白，每一个人都是平等的，没有人就该得到别人的照顾。在与人相处的过程中，要平等看待自己和他人，不要总是让别人为自己做事，要尊重他人。只有这样，才会意识到别人的帮助和付出，才能懂得感恩。

4.让孩子尊重老师和其他劳动者

不少孩子都有上课走神、学习不认真的习惯。对此，家长要告诉他们，老师为了讲课付出了很多心血去备课，不认真对待就是不尊重老师及其劳动的表现。只有尊重老师的劳动，才能学会感激他们的付出。还有一些孩子有乱扔垃圾的习惯，家长可以带他们参观环卫工人的工作，让他们看到那份辛劳，从而学会体谅和尊重环卫工人，改掉乱扔垃圾的毛病，感激众多劳动者的付出，真正成长为一个懂得感恩的人。

孩子的 情商 这样提升最有效

引导孩子从生活细节中学会感恩

泽坤今年上三年级，是个机灵的小家伙，就是有些不懂礼貌，也不太懂得感谢别人。

这天，妈妈带泽坤到饭店去吃饭。进入饭店时，服务员见妈妈拿着不少东西，便帮忙打开了门，还说了句"欢迎光临"。妈妈笑着说了声"谢谢"，泽坤却一言未发。吃饭时，泽坤不小心把筷子掉到了地上，服务员马上又给他拿了一副，泽坤却连声"谢谢"都没说。和妈妈走出饭店时，服务员为他们开了门，并说"欢迎下次光临"，妈妈笑着点点头。泽坤却什么表示也没有。

回到家后，泽坤的同学浩浩打来电话，说是今天班主任吴老师过生日，他给老师发了一条祝福短信。听浩浩这样说，妈妈建议泽坤也为老师送上祝福。泽坤却说不打算这么做，因为不觉得有什么必要。

这时，妈妈不禁联想到了今天在饭店吃饭的事，便问泽坤："宝贝，今天在饭店，你怎么没跟门前的服务员和给你拿筷子的服务员道谢呢？哪怕打个招呼也行啊。"

泽坤说："那不是他们应该做的事吗？为什么要道谢？"

妈妈语重心长地说："孩子，不管那是不是人家分内的事，说到底还是帮到了咱们，那咱们就应该说声'谢谢'。我们要当懂得感恩的人，不管是小细节还是大事，只要是帮了咱们的人，就应该感激人家。

◎ 第七章　让孩子的情商在感恩中得到提高

你的老师也是。教书育人是他的职责，不过他教给你那么多东西，为你们付出那么多，难道你不应该感谢他吗？发条短信的确没什么实质作用，但至少可以表达你的感激，让老师感到开心啊！"

听了妈妈的话，泽坤认真地想了想。是的，他好像的确不怎么懂得感谢别人，尤其在一些小细节上，常常是直接忽略的。他突然发现，原来那么多人都帮过自己，自己却从未有过感激之情！他不禁感到羞愧，马上就给老师发了一条饱含感激和祝福的短信。不仅如此，从这件事之后，泽坤也学会了从细节上、小事上表达自己的感激。大家都说他比以前有礼貌多了，也更有人情味了。

上述案例中，泽坤不懂得感谢别人，被大家看作没有礼貌、没有人情味的孩子。在妈妈的帮助下，他意识到了自己的不足，知道了自己该感谢哪些人，并迅速行动了起来，也比以前更加善于表达自己的感激了，大家更喜欢他了。

生活中，一些家长虽然让孩子懂得了感恩的道理，却没能在细节上培养他们表达感谢的能力和素质，使得他们还是会忽视很多细节，在别人眼里是没有礼貌和人情味的孩子。这种现象的产生主要有以下两方面的原因：一方面，孩子本身年龄小，不善于去发现、感受身边的事物，难以重视细节上应该有的感恩；另一方面，一些家长本身就没有注意细节上的感恩，也就难以培养起孩子的相关意识。久而久之，孩子还是难以成长为一个全面的懂得感恩的人。这对他们的成长和人际交往都是不利的。

因此，在平时的生活中，家长要从细节入手，培养孩子的感恩之心。只有这样，孩子才能善于发现自己应该感激的人，更加有礼貌、有教养，全面成长为一个懂得感恩并会表达的人。这有助于他们与人交往。那么，家长应该怎样从细节来培养孩子的感恩之心呢？以下是一些供家长参考的建议。

1.提醒孩子要在相关节日送去问候及祝福

家长要提醒孩子，帮助过自己的人过生日或相关的节日时，要送上问候或祝福。可以带些小礼物登门拜访，也可以发条祝福短信。比如家长过生日时，为他们买礼物并一起庆祝生日；教师节时，给老师做一张贺卡或买一束花，也可以用短信送上祝福。这样做会让那些帮助过自己的人感受到孩子的感激之情，从而感到欣慰、开心，也让孩子从细节上学会了感恩。

2.教孩子向服务员表达感谢

生活中，很少有家长会留意自己对服务员的态度，更不用说孩子了。事实上，这是个非常重要的细节。家长要教孩子学会表达对服务员的感谢和友善。比如当迎宾服务员说"欢迎光临"或"慢走"时，要对他们点头或微笑；当服务员帮自己开门或摆餐具时，要对他们说"谢谢"。家长要告诉孩子，即使这些是他们的职责，也确实为顾客带来了便利，应该得到感谢。这些细节也体现了孩子的素质。

3.告诉孩子被夸奖时要表达谢意

一些孩子在被表扬时，常常会因为紧张或拘谨而忘记表达谢意或是会说些不合时宜的话。对此，家长要告诉孩子，当被别人夸奖时，大大方方地接受，然后说声"谢谢"即可，不要扭扭捏捏、不好意思；同样的，当收到别人的礼物时，也要及时表达自己的谢意，还可以夸赞礼物，表达自己的满意和感激。

4.让孩子学会对陌生人道谢

孩子出门在外，尤其是在一些公共场合，有时会需要并得到陌生人的帮助。家长要告诉孩子，遇到这种情况时，要及时表达自己的谢意，不能因为觉得是不认识的人就什么都不说。不过需要注意的是，家长要提醒孩子，表达谢意后不要与陌生人谈论过多，尤其是与个人情况有关的话题，以防被不法分子利用，使自己遭受损失。

5.家长要当好孩子的榜样

要想让孩子从细节上成为一个懂得感恩的人，家长首先要以身作则，当好他们的榜样。在平时的生活中，家长在一些细节上要加以注意，比如对陌生人道谢、对待服务员的态度好等，只有家长这个最好的老师当好，孩子才能学好。除此之外，家长对待自己的同事、老师、朋友的态度，尤其是道谢时的做法，都要为孩子当好榜样。

第八章 监督孩子在独立自主中逐渐提升情商

◎ 第八章 监督孩子在独立自主中逐渐提升情商

自律，让孩子更好地走向独立

阿娇从小聪明乖巧，是家里的独生女，爸爸妈妈很疼爱阿娇。阿娇想要什么，只要说一声，家长基本上都会满足。阿娇平时在家里乖巧听话，在学校努力学习，成绩一直很理想。

渐渐地，孩子长大了。阿娇上了初中，学校离家更远，家长每天来往于学校和家之间，接送阿娇上学放学。在孩子初二的时候，阿娇的爸爸妈妈想着能不能让孩子住在学校。在一次家长会上，阿娇的爸爸和班主任说起让孩子住校的想法。

爸爸说："老师，我们家离学校有些远，我和阿娇的妈妈工作有些忙，每天接送孩子上学放学很辛苦。我们想和你商量能不能让孩子初二的时候住校，这样，也能锻炼孩子的独立能力。"

班主任说："阿娇这孩子啊，很聪明，平时也很听话。可是，孩子不够独立，平时遇到事情也很难自己解决。比如，孩子在班里与其他同学发生了矛盾不会自己去解决。而且，孩子不够自律，生活上的很多事情都不能自己处理。如果突然住校，可能会影响孩子的学习。"

爸爸说："唉，我真没想到孩子这么不独立。看来我和阿娇的妈妈确实有些溺爱孩子，对孩子的情商教育也不够。"

班主任说："住校对孩子的自立能力是一个很大的考验。如果处理不好，对孩子的成长和发展有害无益。我建议你们好好教育孩子，让孩子更自律。"

爸爸说："班主任今天说的事情我会好好考虑的，确实啊，孩子只有自律了，才能更独立。"

晚上回到家以后，阿娇的爸爸和妈妈说了班主任今天反映的情况。家长决定调整对孩子的教育，着重培养孩子的自律能力。一个学期过去了，阿娇不仅在生活上更加自律，学习成绩也稳步上升，变得越来越优秀了。

其实，在生活中，很多家长都在想着如何让孩子更好更快地迈向独立。独立，不仅能锻炼孩子品格，而且可以提高孩子的智商、情商、德商。自律作为一种优秀的品质，在孩子健康成长的过程中发挥着积极作用。

自律，指孩子在没有人现场监督的情况下，通过自己要求自己，变被动为主动，自觉地遵循制度，拿它来约束自己的一言一行。自律并不是让一大堆规章制度来层层地束缚孩子，而是让孩子自己用自律的行动创造井然的秩序，来为自己的学习生活争取更大的自由，完成自己想要的目标。

拥有自律品质的孩子在面对问题与处理事情的时候都更加井井有条。有些孩子会认为自律是自由的反义词，自律会约束他们的行动和自由。家长要改变孩子的这种观点，让孩子知道：自律能帮助你达到想要的目标，无论是智慧、财富、情感还是荣誉。从长期来看自律才可以带来真正的自由。

古希腊哲学家毕达哥拉斯说："不能约束自己的人，不能称他为自由的人。"家长应该要孩子学会约束自己、管理自己，变被动为主动，自觉地遵守学生日常行为规范，拿它来约束自己的一言一行，让孩子知道只有先自律才能有真正的自由。自律的孩子更易迈向独立。

在关于家长如何教导孩子通过自律走向独立方面，有以下建议供家长

◎ 第八章　监督孩子在独立自主中逐渐提升情商

参考：

1.教孩子定出计划并按时执行

衡量孩子是否独立的重要标志是孩子能否按规定完成事情，自律是孩子按时完成事情的重要品质。家长帮助孩子定好做事的计划，并监督孩子坚持按计划完成，可以帮助孩子养成良好的习惯。定计划可以减少孩子因为心情不好、懒惰等原因而不做自己该做的事情。家长帮助孩子制定合理的计划可以让孩子养成准时做完事情的习惯。

家长可以指导孩子树立系统而长期的目标，让孩子把握好做事情的时间，按时完成目标。

2.教导孩子享受过程、注重结果

孩子做事不自律、半途而废，一部分原因是孩子觉得事情很难。家长可以引导孩子想象自己完成目标的喜悦，用成功的结果鼓励孩子克服眼前的困难。家长也可以引导孩子去享受完成事情的过程，从中找到做事的乐趣。孩子可以在做事情的时候不放弃、不抛弃，对培养孩子独立的性格具有极大的好处。

自律需要孩子抵制住眼前的诱惑，脚踏实地地完成手中要做的事情，这需要孩子不断地鼓励自己坚持下去，既看到美好的结果，也可以好好把握过程。

3.家长要为孩子创造自律的环境

家长应该主动帮助孩子创造自律的环境。处于中学阶段的孩子在价值观和世界观方面并没有完全形成自己的观点，在很多方面需要家长的引导，需要外界环境的熏陶。为了让孩子通过自律走向独立，家长可以给孩子创造一个合适的环境。从大的方面来说，家长可以在孩子节假日期间带孩子出去旅游、做公益活动等，让孩子在接触社会的过程中锻炼自己的能力。从小的方面来说，家长可以在家里鼓励孩子独立做饭、洗衣服等。

家长主动为孩子创造适合自律的环境，可以在一边教育孩子自律，一边给孩子讲道理，让孩子知道这样做的原因和目的，让孩子更好地学会自律，走向独立。

学会自我保护，家长更放心

昨天下午，小诗的爸爸正在公司上班，突然接到小诗的班主任的电话。班主任说："你是小诗的家长吧，小诗被坏人骗了钱，现在情绪不太稳定。希望你可以尽快来学校看看。"

放下电话，小诗的爸爸赶紧到了学校。发现孩子正在办公室哭泣，情绪很不好。爸爸蹲在孩子面前一边安慰孩子，一边问老师："小诗遇到了什么事，怎么会被骗子骗钱呢？"

班主任说："今天下午上课后，任课老师发现孩子的情绪很不好。于是让孩子来到了办公室。据孩子反映，今天中午在来学校的路上，有一个中年男子主动与小诗聊天。中年男子说自己是我们学校教务处的老师，以要交班费为借口，骗走了小诗几十元钱。虽然钱不多，可是对孩子的心理造成了很大的伤害。"

爸爸说："其实，我和小诗的妈妈一直很想培养孩子的独立能力，可是孩子的自我保护意识不够啊。孩子被陌生人骗的事情已经发生过不止一次了。小诗上小学的时候，有一次就差点被陌生人骗走，幸亏邻居

◎ 第八章 监督孩子在独立自主中逐渐提升情商

及时发现,把小诗送回家。"

班主任说:"还好,这两次都没有什么事,有惊无险啊。"

和班主任的谈话结束后,爸爸带着小诗回到了家里。晚上,爸爸和妈妈说起了孩子今天经历的事情。

妈妈说:"孩子不懂得自我保护,这让我们做家长的怎能放心让孩子独立啊。小诗已经上初中了,可是很多时候还不会自我保护。我们要帮助孩子学会自我保护。毕竟,会自我保护的孩子才能真正独立。"

上述案例中,类似小诗的情况在生活中很常见,很多孩子不知道自我保护,这让他们的家长感到很担心。

在生活中,很多家长都希望自己的孩子能够尽早地独立。独立,不仅可以锻炼孩子解决问题的能力,而且可以促进孩子融入社会。家长应当知道孩子会自我保护是非常重要的。家长不可能永远在孩子身边保护他、照顾他,孩子学会自我保护,是确保自己人身安全的基本条件,是健康成长的必备素质。

自我保护是孩子维护心理平衡的一种自发性行为,也就是通过压抑、补偿、文饰和升华的手段改变对心理紧张的主观感受,达到心理平衡的行为反应。

打开电视或报纸,可以看到单纯的孩子身处复杂的社会,常常会遇到很多意想不到的问题。因此,教会孩子们在日常生活中自我保护、自防自救以应对各种侵害和灾难是非常必要的。

提高孩子的自我保护能力有很多好处。首先,可以保障孩子的安全。孩子是家长的希望,是家长的心肝宝贝,孩子的安全问题关系着整个家庭的幸福。提高孩子的自我保护等于是为孩子的安全增加了一层保障,毕竟家长不能永远跟在孩子身边。"授人以鱼不如授人以渔。"家长不能一直陪在孩子身边。其次，学会自我保护可以提高孩子解决问题的能力，在孩子积极融入社会方面有极大的好处。孩子会自我保护，可以在进入社会后减少挫折，更有能力自己解决困难，提高孩子的自信心。最后，孩子有了自我保护能力以后，可以更好地走向独立。独立要求孩子有独立的思想、人格，有独自生活的能力，可以依靠自己的力量去做事情。而自我保护是孩子做这些事情的基础与必备素质，只有孩子学会自我保护以后才可以在逐渐接触社会与解决问题的过程中提高自己的能力，提升自己的心理素质，从而一步步地走向独立。

在关于家长如何帮助孩子学会自我保护方面，有以下建议供家长参考：

1.对孩子进行安全意识教育

家长在教导孩子学会自我保护的过程中，第一步应该是对孩子进行必要的安全意识教育。中学阶段的孩子生活阅历和经验不足，他们不知道什么事情能做、什么事情不能做；什么地方能去、什么地方不能去。这些都需要家长事先对孩子进行教育，让孩子知道社会道德标准和价值判断标准，防止孩子出于好奇或逆反心理而做出一些危险的事情。

家长对孩子的安全教育应该是随时随地、时时刻刻的。比如，家长可以和孩子一起看电视、听故事、看法制类新闻等，丰富孩子的见识；可以和孩子一起讨论社会上的一些法制事件，让孩子知道遇到危险的事情时该怎样面对。例如，家长不在家，不轻易开门让陌生人进门等。教育孩子掌握关于安全方面的常识，增强孩子的自我保护意识。

2.在生活中注重培养孩子的独立能力

家长应该知道，孩子的生活自理能力也能影响到孩子的自我保护能力。培养孩子的独立自主性，引导孩子养成良好的生活习惯，都可以使得孩子在面对困难的时候更加有信心去解决。

在生活中培养孩子的独立能力，有利于孩子在实践中建立良好的生活自理习惯，增强生活的自理能力。孩子处理问题的能力提升了，相应的，自我保护能力也会加强。

3.在实际生活中培养孩子解决问题的能力

在培养孩子自我保护能力的过程中，家长可以带着孩子多参与社会实践活动，让孩子在实际生活中锻炼自己的能力。例如带着孩子参加公益活动，家长和孩子一起去帮助别人。在这个过程中，家长可以让孩子在学习如何帮助别人，并从中总结方法，让孩子知道如何保护自己。

家长也可以人为地创设一些问题情境，引导孩子想出各种自救方法，使孩子掌握一些基本的应变能力。例如家长在和孩子一起逛超市、逛公园时，可以试试"玩失踪"游戏，然后看孩子的反应，看他能不能镇定自若，能不能找对求助的人。最后，家长再对孩子的处理方法进行指点，让孩子在实际生活中学会吸取经验保护自己。

生活自理能力，需要孩子在家务劳动中提高

依依今年14岁，念初二。依依从小聪明伶俐，加上爸爸妈妈在学习上的悉心教导，从小学开始，成绩一直就很理想，这让依依的家长很欣慰。

依依上了初中以后，学习任务繁重起来。因为家里只有依依一个孩

子，家长对依依的照顾几乎是无微不至，很少让孩子动手做什么家务。在家里，依依可以说是"衣来伸手，饭来张口"，大大小小的家务都是由家长包办，依依几乎不用做任何家务。

在依依升入初三之后，学习压力变大。妈妈考虑学校离家比较远，往返于学校和家之间会占用到孩子的学习时间，因此希望依依能够住校。为此，依依的妈妈和爸爸在依依上初二时开始注重锻炼孩子的自理能力，为孩子以后的住校生活作准备。

妈妈想着通过让孩子多做家务提高孩子的自理能力。做家务也可以让孩子更好地照顾自己，毕竟家长不能跟着孩子一辈子。

有一天，依依的妈妈在包饺子，问依依愿不愿意和妈妈一起包饺子。依依说："妈妈，你还是自己弄吧，我还要写作业，完成了作业要看电视。"

妈妈说："先帮妈妈做一点家务，晚上再写作业吧。电视就不要看了。"

依依说："妈妈，我真的不想做家务。"

妈妈说："你已经上初二了，过两年就要上高中，需要你有很强的生活自理能力，这需要慢慢在生活实践中提升呀。做家务是一个很好的方法，你应该多做家务的。"

虽然妈妈苦心教导依依要多做家务，可是孩子依然不想做家务。妈妈和爸爸讨论了孩子的情况，很为孩子担心。毕竟，家长不能一直跟在孩子身边照顾孩子的衣食起居，提高孩子的生活自理能力是非常有必要的。

上述案例中的依依出现的情况在生活中是很常见的。现代社会中，很多

◎ 第八章　监督孩子在独立自主中逐渐提升情商

孩子都不喜欢做家务。出现这种情况的原因主要有以下几种：

首先，孩子从小没有树立做家务的意识，认为做家务是家长的事情，没必要帮家长减轻负担，孩子没有树立自己在家里的主人翁意识。其次，孩子没有体会做家务的乐趣，认为做家务只会让自己更加累，是浪费自己的时间，没有认识到做家务对自己的重要作用。最后，孩子没有做家务的习惯。家长长时间不让孩子劳动，会让孩子习惯不劳动。例如前面案例中的家长，从小对依依的生活照顾得很全面，没有注重培养孩子的劳动意识，使依依认为自己不劳动也可以生活得很好。

家长引导孩子多做家务，可以提高孩子的生活自理能力。通过做家务可以让孩子明白劳动的意义，增强孩子的实践能力。孩子能在生活中处理好自己的事情，在学习的时候就会更加井井有条，懂得如何去分配时间，完成学习任务，提高孩子在学习方面的自觉程度。孩子多做家务还可以缓解孩子的学习压力，提高学习效率，提升学习成绩。

综上所述，可以看出来，家长积极引导孩子从做家务中学会自理能力是很必要的事情。孩子多做家务，可以引导孩子养成主动解决的好习惯，及时解决生活上的问题。孩子在做家务的过程中可以懂得如何去照顾自己，如何关心他人。孩子通过做家务可以更真实地体会家长养育自己的艰辛，从而更加孝顺家长。

下面介绍一些帮助孩子通过做家务来提高自理能力的方法：

1.通过适当的鼓励或奖励让孩子爱上劳动

家长可以通过适当的方式引导孩子多做家务，让孩子养成做家务的习惯。有些孩子直到上初中都没有做过家务，如果这时家长很突然地要求孩子做家务，孩子可能会不习惯，或者不会做家务。家长可以在孩子做家务的过程中给予孩子适当的鼓励或奖励，让孩子爱上劳动，引导孩子发现其中的乐趣。例如，当孩子洗菜的时候，家长可以问问孩子如何才能把菜"变"干净？让孩子觉得把菜"变"干净的过程是充满乐趣的。在孩子做家务的时候，家长可以给予孩子适当鼓励，让孩子开开心心做家务，并努力做得更好，让孩子在不知不觉中获得能力的提升。

2.让孩子认识做家务的价值

孩子在做家务的过程中可以学会很多能力，比如动手能力、思考能力、实践能力。家长可以引导孩子把这些能力应用于实际生活当中。让孩子明白做家务对自身的能力具有很大的提升。比如家长可以带着孩子去敬老院照顾老人，让孩子把做家务学到的方法应用在照看老人的过程中，孩子可以切实感到自己的价值得到了实现，在照顾别人的过程中也提高了孩子自己的自理能力。

中学阶段的孩子很多是在家长的保护下，认识不到独立的重要性。家长应该让孩子明白做家务的意义与必要性，让孩子在做家务的过程中主动培养自己的独立能力。

3.提高孩子的责任感

孩子不愿意做家务很多时候是自己没有做家务的意识，没有认识到做家务对自身发展的好处。家长应该让孩子知道：爸爸妈妈不能永远陪在孩子身边，孩子自己一定要学会独立。家长也要让孩子知道：作为家庭的一分子，爸爸妈妈有责任照顾孩子，孩子也有责任照顾家长，做家务是孩子照顾家长必要的一部分。树立孩子的主人翁意识，让孩子觉得家里需要他的一份付出，提高孩子的责任意识。

◎ 第八章　监督孩子在独立自主中逐渐提升情商

孩子独立重要一步：拥有自己的秘密花园

茵茵是家里的独生女，从小聪明伶俐，活泼可爱。家里人对茵茵很疼爱，希望孩子可以好好学习，以后考一个好大学，能有一份稳定的工作。

在茵茵上小学时，爸爸妈妈坚持每天接送孩子上学放学，经常查看孩子的作业完成情况与学习情况。如果有时间，妈妈也会去学校和茵茵的老师了解孩子的学习情况。家长的谆谆教导和细心管教加上孩子的聪明伶俐，使得茵茵的成绩一直都很好。在上小学的几年时间里，茵茵的考试成绩经常名列前茅。

在孩子上了初中以后，家长觉得应该加强对孩子的教导，防止孩子受到不良影响。茵茵的爸爸妈妈并不像其他家长那样给予孩子更多的空间，反而对孩子的生活和学习方方面面都更加严厉。茵茵的家长担心自己一疏忽，孩子的学习成绩会下降。

茵茵每天放学后一到家，妈妈便会问起孩子今天在学校的情况。例如：今天在学校见了什么人？学习了什么新的内容？有没有什么不懂的地方？一开始，茵茵回答家长的问题还很积极。慢慢地，茵茵开始厌烦，回答问题常常是敷衍了事。妈妈觉察到了这种变化，因为不想引起孩子的厌烦，直接打电话给茵茵的班主任询问孩子的情况。

茵茵的家长经常主动和班主任沟通孩子的情况，次数多了以后，班主任想是不是茵茵在家很少和家长沟通，于是，在课间休息的时候，茵茵的班主任让她去一趟办公室。班主任说："茵茵，你妈妈最近经常问我你在学校的情况。看得出，你的家长对你很关心。平时你也要经常和家人沟通啊。"

茵茵说："老师，我妈妈以前经常问我在学校的情况，我觉得没有必要什么都和家里人说，所以常常只是大致地和家里人说一下。我这次回家以后一定好好和家里人沟通。"

当天下午放学回家后，吃完晚饭，茵茵说："妈，你能不能别再去老师那里问我的学校生活了，能不能给我一点自己的隐私空间？"

妈妈说："茵茵，妈妈这样做也是为你好。现代社会这么复杂，妈妈想让你健健康康、平平安安地成长啊！"

茵茵说："妈，你总不能管我一辈子吧。从小到大，你对我的照顾可谓是无微不至。什么事情你都要管。现在，我长大了，需要自己独立，我要一个人慢慢长大。"

妈妈听了孩子的话后陷入了沉思。是啊，孩子要长大了，家长不能陪在孩子身边一辈子。可是，茵茵的妈妈却不明白为什么要保护孩子隐私，又该如何保护孩子的隐私。

其实，上述案例中，茵茵家长的想法是很常见的，很多家长会过度保护孩子，甚至不给孩子私人空间，认为现代社会太复杂，孩子一颗单纯的心难以应对社会的千变万化。因此，在孩子的日常生活中，很多家长会选择茵茵家长的办法：尽可能知晓孩子的个人生活，甚至不给孩子私人空间。其实，家长的这种做法往往不利于孩子的成长和发展。

隐私，顾名思义，指隐蔽、不公开的私事。随着年龄的增长和阅历的增多，孩子常常会有不想让他人知道的地方和事情，这就是孩子的隐私。

家长应该知道，孩子是有着自主意识的人，有属于自己的隐私权。家长即使发现了他们的秘密，也不能虚张声势地说出孩子的隐私。否则，一方面，孩子会觉得自己没有了自尊；另一方面，孩子会由此失去对家长的信任。家长应该保护孩子的秘密，更不要主动去探寻孩子的隐私。在日常生活中，家长可以教给孩子正确的关于隐私的价值观。具体方式可以通过举例、讲故事、做游戏等途径对孩子加以引导。处于中学阶段的孩子正是青春期，对家长的反抗心理比较严重，家长要尊重孩子的隐私，让孩子相信自己，主动与自己沟通。

家长尊重孩子的隐私，可以锻炼孩子面对问题时处理事情的能力，使孩子更快更好地走向成熟。孩子一旦有了自己的秘密，便会一个人想着如何去解决问题，减少对家长的依赖。家长尊重孩子的隐私，也是在一定程度上尊重孩子的独立人格，相信孩子有独自解决问题的能力。当家长表现出相信孩子以后，孩子才会更加自信，更愿意和家长说出自己心中的想法。

家长如何尊重孩子的隐私和秘密，帮助孩子走向独立，有以下建议供家长参考：

1.主动了解孩子的想法

在日常生活中，家长在遇到问题的时候可以主动与孩子交流，让孩子知道自己愿意倾听，并认真考虑他的意见和建议。在遇到事情的时候，家长主动与孩子交流，可以和孩子共同探讨问题，分析事情的来龙去脉。家长与孩子平等交流，既可以增强孩子自信心，让孩子认为自己很重要，也可以给孩子树立一个好的榜样。当孩子遇到问题的时候也会像家长和自己主动沟通那样，主动与家长交流。

2.主动保护孩子的隐私

在实际生活中，家长不要主动询问孩子的隐私，要学会保护孩子的隐私。例如，当有邻居问孩子成绩的时候，家长可以说："不好意思，这是孩子的隐私，我们没有权利代替孩子说，你可以问他自己。"这样，不仅婉拒了他人，而且让孩子知道家长是尊重自己的。

当孩子长大时，家长可以主动给孩子一个属于自己的空间。例如，家长可以告诉孩子："如果不是有特殊的事情，我们不会主动进入你的房间。"家长这样主动保护孩子的隐私，可以获得孩子更多的信任。

3.教育孩子的时候要以理服人

处于中学阶段的孩子，处理事情的时候可能还有些幼稚。当孩子犯错的时候，家长对孩子要态度温和，不要过于暴力。教育孩子的时候要"动之以情，晓之以理"。让孩子明白自己犯的错误，并且可以从中吸取教训。

如果孩子把自己的秘密告诉家长，家长可以像一个朋友那样和孩子一起分析事情，寻求解决方法。这样，孩子才可以相信家长，在遇到问题的时候才会主动寻求家长的帮助。

独立思考，自主解决问题

如如和苏苏是姐妹，如如大苏苏五岁。在如如小时候，家里的经济条件不是很好，爸爸妈妈平时忙于工作，很多家务活都是如如自己做。

在如如八岁那年，家里迎来了第二个孩子：苏苏。在苏苏出生不

◎ 第八章　监督孩子在独立自主中逐渐提升情商

久，爸爸妈妈的工作也逐渐走上了正轨，有了更多的时间照顾孩子。因此，苏苏可谓是"含着金汤勺"出生。从小，爸爸妈妈视她为掌上明珠，如如也很照顾妹妹。因此，苏苏从幼儿园到小学毕业的这段时间，可以说是无忧无虑，在家长和姐姐的呵护下，苏苏在生活和学习上都很顺利。

渐渐地，苏苏小学毕业了，准备升入初中。在家长看来，苏苏从小聪明伶俐，而且小学时成绩很理想，上初中也会很优秀的。而且如如的成绩一直都很理想，如果苏苏在学习上遇到了什么困难，也可以找姐姐给她辅导学习。

可是苏苏上了初中以后，成绩却并不理想，而且在与同学相处、解决事情方面也显得很不成熟。在一次家长会上，苏苏的班主任和苏苏的家长进行了一次谈话。

班主任说："苏苏呀，很聪明，也很活泼可爱。可是在很多方面，孩子好像不会独立思考和处理事情。比如苏苏上课时发现忘记了带书，不会想着回家取书，或者向同学借书学习，而是什么都不做，坐在位子上。如果不是老师及时发现，帮苏苏从办公室借了一本书，苏苏可能一节课都听不好。"

爸爸说："我们家苏苏在家里是妹妹，上面有一个姐姐。平时，我和苏苏的妈妈，还有她姐姐都很照顾她。遇到事情一家人帮苏苏解决问题。我以前认为孩子大了，接触的事情多了自然能学会独立思考，学会寻找解决问题的办法。可是从孩子现在的表现来看，这种想法是错误的。"

班主任说："是啊，孩子在养成独立思考和解决问题的能力过程中需要家长的帮助。"

回到家后，爸爸仔细想了这些年对苏苏的教育，确实没有好好鼓励苏苏独立思考，主动寻找解决问题的方法，家长确实要改变一下对孩子的教育。

从上述案例中不难看出，如如和苏苏小时候的成长环境不同。如如小时候，家里的条件更加艰苦些，自立能力更强，独立思考的能力也更突出。妹妹苏苏，则更加依赖家长和姐姐。

在现代社会中，很多家长都将孩子视为自己的心肝宝贝。有的家长甚至想着能帮孩子解决生活和学习中的一切困难，让孩子的生活一帆风顺、事事如意。殊不知，"授人以鱼不如授人以渔"，家长与其帮助孩子解决问题，不如帮助孩子培养独立思考、解决问题的能力。这样不仅可以培养孩子的独立意识，而且可以让孩子在以后的人生中更好地生活。

一个独立的人，应该有独立的思想、独立的人格和独自生活的能力。但人类是群居动物，一般没有自给自足的能力，只能说某个人有独立的能力。独立思考能力可以理解成孩子用自己的价值观来判别一定事物的能力。

孩子学会独立思考有以下几个好处。首先，它可以锻炼孩子的思维。孩子独立思考的时候可能会遇到一些问题，解决问题的过程也是锻炼孩子的能力、激发孩子的思维的过程。其次，孩子独立思考可以减少孩子对他人的依赖，更好地与他人相处。孩子独立思考，说明他在尝试着自己去解决问题，有着自己的方法和思路。最后，独立思考可以提高孩子独立解决问题的能力。当孩子学会自己思考问题以后，处理事情的能力也会有很大的提升。

在关于家长如何帮助孩子养成独立思考、提高解决问题的能力方面，有

◎ 第八章 监督孩子在独立自主中逐渐提升情商

以下建议供家长参考：

1.告诉孩子解决问题的方法

当孩子遇到问题不知所措时，家长不要立即告诉孩子："没事，爸爸妈妈来帮你。"而是应该鼓励孩子："你试试，好好想一想，你可以的。"这样一来，可以让孩子获得解决问题的自信心，自己主动去尝试。

在孩子遇到问题的时候，家长可以告诉孩子解决问题的思路和办法，让孩子自己试着去解决问题。家长在给孩子讲方法的时候，也可以问问孩子的思路，并和孩子一起讨论如何更好地解决问题。

2.鼓励孩子自己解决问题

在实际生活中，家长可以给孩子创设合适的环境调动孩子的思维，让孩子主动解决问题。例如，在孩子要去邮局寄信的时候，家长问孩子一些简单的问题，去哪家邮局，走哪条街，大概要多久的时间能把信寄过去。通过这些发散性的问题锻炼孩子思维，让孩子多方位思考问题。

家长主动、积极地创造一些问题去问孩子，可以引导孩子观察事物、发现问题，激发他对事物置疑的兴趣和欲望。家长向孩子提出问题时，要符合他的年龄特点和知识范围，如果问题太难或太容易，都会很容易挫伤孩子思考的积极性。当孩子圆满地回答了家长提出的一个个问题时，常常会感受成功的喜悦，增加自信心。

3.跟孩子讲述名人主动解决问题的故事

榜样的力量是无穷的，尤其是对处于初中阶段的孩子，名人有着很好的导向作用。家长在生活中可以和孩子讲名人的故事，让孩子知道名人爱独立思考、主动解决问题并一步步努力获得成功的故事。在生活中，家长可以跟孩子一起收集关于名人的故事和资料，整理好放在家里。空闲时间，一家人可以翻阅这些资料，互相讨论感兴趣的问题。让孩子觉得名人那些勤于独立思考，主动解决问题的例子也可以应用于实际生活中。

第九章 引导孩子充满自信地进行情商培养

◎ 第九章　引导孩子充满自信地进行情商培养

鼓励孩子的优点，让他自信满满

李尧今年十岁，是个内向的男孩，平时的表现并不突出，成绩一般，也不怎么和人交往，所以朋友也不多。

这天，班里的一位同学过生日，在家里举行了聚会，不少同学都被请去了，李尧却没有收到邀请。这让李尧很不开心。他想，自己一点优点都没有，朋友不多，成绩也不好，又没什么特长，所以才会这么孤独，都怪自己太笨。顿时，一种自卑感笼罩在他的心头，他觉得自己一点用都没有，情绪很是低落。

李尧郁闷地回到了家。见孩子这么没精打采，妈妈赶忙过来询问情况。李尧给妈妈讲了同学过生日没叫自己的事。妈妈听了，笑着问他："就是因为这件事吗？你的同学不可能把所有同学都请了去吧，还有其他没被邀请的吗？"

李尧点点头。

妈妈说："那就没问题了，人家又不是在故意孤立你，只是请了自己的朋友嘛。你平时跟他不算亲密，他也就没有请你，不要多想。"

李尧却说："妈妈，我是觉得人家的朋友那么多，可我平时却几乎没什么朋友，成绩还那么差，真是一无是处啊。"

妈妈这才明白李尧为什么不开心，原来他是觉得自卑、灰心。妈妈拍拍他的肩膀，语重心长地对他说："傻孩子，谁说你没有优点的？

你有很多优点的。你看你平时,做什么事都那么认真、专注,这不是一项优点吗?很多人都做不到呢。而且你懂事听话,是爸爸妈妈眼里的乖孩子。"

李尧不禁说道:"可是,我却没什么朋友,学习成绩也不好。"

妈妈说:"不要担心,你上课时那么专注,写作业又认真,成绩不好是因为方法不对,稍加改进会有进步的。在交朋友方面,你要更勇敢一些、主动一些,那就没问题了。"

妈妈的话给了李尧巨大的鼓励,原来自己也是有优点的。自己做事认真专注,又是家长眼中的好孩子,相信自己是能有进步的。他充满了自信,期望能有大的进步。在妈妈的帮助下,他的成绩进步了,朋友也多了起来。

上述案例中,李尧是个平庸的孩子,成绩一般,又几乎没什么朋友。这让他感到自卑,看不到自己的优点和价值。在妈妈的提醒下,他发现了自己身上的优点,从而自信起来,有勇气和动力去完善自己,终于在成绩上取得了进步,也交到了更多的朋友。

生活中,不少孩子都像原来的李尧一样,容易感到自卑、无助。这主要是有以下几种原因造成的:

首先,孩子可能在某方面有些缺点,当他们意识到这一点后,可能就会感到自卑。其次,孩子可能会将自己与一些优秀的人比较,在此过程中很容易发现自己的不足,从而自卑。还有一种情况是家长对孩子的要求过高,发现他们未达到自己的期望值时,严厉地批评他们,这很容易让孩子感到自卑、无助。长期如此,孩子就会对自己的能力产生怀疑,甚至否定自己,觉得自己什么都做不好,对自己没信心,不敢尝试和接受挑战。这对他们的性

◎ 第九章　引导孩子充满自信地进行情商培养

格养成和成长来说是很不利的。

因此，当孩子感到自卑、看不到自己的优点时，家长一定要及时采取正确的方法，引导他们从这种阴影中走出来，变得自信、开朗。家长可以用他们的优点来鼓励他们。通过指出孩子的优点，不仅可以让孩子知道自己不是一无是处的，还可以让孩子感受到家长的信任和支持，从而自信起来。以下是一些关于通过孩子的优点来鼓励他们的方法，家长可以参考借鉴。

1.从孩子的爱好入手寻找他们的优点

要想通过孩子的优点来鼓励他们，首先要做的就是找到他们的优点。从他们的爱好入手寻找是一个很好的办法。个性不同，爱好自然不同。因此，兴趣爱好在一定程度上能反映出孩子的性格及优点所在。比如有的孩子喜欢看科幻电影，他们可能有着一定的创新能力和丰富的想象力；有的孩子喜欢看辩论赛，他们可能口才出众。家长在找出这些优点后，就可以用此鼓励孩子，并告诉孩子正是因为有这些优点，他们才有相应的爱好。这样做能让孩子更加信服家长的夸赞，也能发现自己身上更多的优点，从而自信起来。

2.孩子与众不同的地方可能也是优点

生活中，孩子有时在一些方面的表现会与众不同，比如拿筷子的方式不同于一般人，做题的方法不同于别人。这时，一些家长便会出面干预、纠正他们，让他们和大家一样做，并告诉他们这样才是对的。这种做法很容易让孩子觉得这是自己的缺点，甚至可能产生自卑感。其实，这种与众不同并不一定是缺点，很可能还是孩子的过人之处，是他们突破传统、有所创新的表现。因此，家长也可以从这点入手寻找孩子的优点并以此来鼓励他们。在发现孩子在某方面表现不同时，不要急于批评和纠正，先考虑一下这样的方法会不会损害孩子的利益，再看是不是一种创新。如果对孩子并没什么损害，就应表扬孩子的创新和想象力，告诉他们这是优点。这样做会让孩子受到鼓励，自信心得到增强。

3.不要只盯着孩子的缺点看

有些家长对孩子有着过高的期望，当孩子的表现不如意时，便会一心盯着他们的缺点，期待他们改正缺点、完善自己。然而，这样做却很容易让孩子感受到压力，甚至觉得自卑。因此，在教育孩子的过程中，家长要善于发现孩子的优点，不要只盯着他们的缺点。即使在他们做得不太好的情况下，也可能发现他们的优点。只有这样，家长才能发现孩子的优势，并以此鼓励孩子，逐渐让他们成长为自信、优秀的人。

4.防止孩子恃才傲物

家长需要注意的是，虽然通过孩子的优点来鼓励他们从而让他们自信起来很重要，但要防止孩子发现自己的优点后恃才傲物，变得自负，觉得自己是优秀的、完美的，不懂得去改善不足、取得进步。因此，家长在指出孩子的优点鼓励他们的同时，要让他们知道自己的不足之处，并督促他们在优点的鼓励下完善自己，这才是正确的方法。只有这样做，孩子才不会骄傲自大，才能成长为真正自信的人。

通过平时的小成果鼓励孩子

程诺是个漂亮的女孩子，今年已经上六年级了。

自从这学期以来，程诺的成绩却开始下降，在班里的名次也落后不少。这让程诺很是着急，可她的成绩还是提高不了。慢慢地，程诺

◎ 第九章　引导孩子充满自信地进行情商培养

开始感到自卑了，她觉得在学习方面，她太笨了。不仅如此，这种自卑感还影响到了她的生活，她不太与朋友们打交道了，担心别人会因为她的成绩不好而看不起她。朋友们都感觉到了她的疏远，却又不知道是为什么。

这天，程诺帮妈妈洗完碗后准备去看电视，妈妈却叫住了她。妈妈问她，最近怎么不太跟朋友出去玩了。程诺吞吞吐吐地把自己的想法说给了妈妈听。她告诉妈妈，自己在学习方面很笨，成绩差，因此自卑，又怕别人看不起，所以不怎么与人交往了。

听了程诺的话，妈妈笑着对她说："小诺，谁说你笨的？怎么会有人看不起你呢，你多虑了，放心地跟你的朋友玩吧，不要多想。"

程诺说："可是，我真的很差啊。你看我的成绩那么差，我什么事都做不好。"

妈妈想了一会儿，说道："傻孩子，你一点都不笨。就说这洗碗吧，你洗得越来越干净了，尤其是最近，碗上一点污渍都没有。这就说明你并不笨，还是个优秀的孩子呢。所以你千万别觉得自己差，只要你好好努力，成绩是可以提高的啊。你没必要自卑，更不要觉得谁会看不起你。要不断地鼓励自己，既然你洗碗可以洗得越来越干净，其他方面一定也可以取得进步的。"

听了妈妈的话，程诺突然意识到：是啊，怎么能说自己什么都做不好呢？洗碗的任务自己完成得就不错嘛。她想：只要自己努力，一定可以在各方面都取得进步。就这样，她信心满满地开始温习功课，期望获得进步。在期末考试中，她的成绩进步不少，她与朋友们也恢复了以前的融洽。

上述案例中，成绩下降让程诺感到自卑，甚至因担心别人看不起而疏远了朋友，影响到了人际交往和生活。妈妈通过她洗碗越洗越干净这一进步和成果，使程诺看到了自己身上的亮点，明白了自己并不是一无是处的，从而恢复了自信，变得比以前更加优秀。

生活中，不少自卑的孩子都只能看到自身的缺点，或是经过一次打击就一蹶不振，认为自己一无是处。对此，如果家长过分苛责他们，却不加以正确的引导，及时让他们发现自己的优点和价值，他们的自卑感可能会越来越严重，甚至影响到正常的人际交往和生活，做什么事都提不起兴趣，没有动力。长期如此，孩子很难养成自信、开朗的个性，他们的成长也会受到不良影响。

因此，家长在教育孩子的过程中，尤其是那些自卑的孩子，要注意通过他们的各种优点和突出表现来鼓励他们，使他们自信起来。即使是生活中的小成果、小进步，家长也可以用来鼓励孩子。这样做更容易让孩子有成就感，从而看到自己的亮点，摆脱自卑。那么，家长该怎样用生活中的小成绩来增强孩子的信心呢？以下是一些供家长借鉴的建议。

1.记录孩子的成绩，发现他们的进步

在平时的学习过程中，老师们经常会发一些测试卷让孩子做。对于这些试卷，家长不可轻视。一方面，这些卷子反映了孩子这一阶段对所学知识的掌握情况；另一方面，这些卷子的成绩能让家长发现孩子的成绩波动，是进步了还是落后了。因此，当孩子完成一份测试卷后，家长最好能把成绩记下来，通过与前面成绩的比较发现孩子的进步，对他们进行表扬。当然，家长也可以自己给孩子买些测试卷让他们做。需要注意的是，在发现孩子进步的过程中，家长不要只关注成绩的波动，也要从其他方面发现孩子的进步。比如孩子的卷面是不是更加整洁了，回答问题条理是不是更加清晰了，等等。

一旦发现进步,就要表扬他们。这对孩子来说是很大的鼓励,会增强他们的信心和动力。

2.为孩子创造锻炼机会

为了通过生活中的小成就来鼓励孩子,让他们更加自信。家长在生活中就要为孩子创造锻炼的机会,让他们在锻炼中提高自己的自信心。比如让孩子种点花草,当他们通过浇水、施肥的辛苦劳作后,看到花草生长时,内心自然会充满成就感,也会感到自信。因为自己是有成果的,是可以把事情做好的。也可以让他们干一些家务活,让他们通过多次尝试和练习变得熟练。当孩子感到自卑、消沉时,家长就可以用他们的这些成绩来鼓励他们,使他们看到自己的优点,从而振作起来,自信起来。

3.培养孩子的兴趣爱好

除了以上方法之外,家长还可以通过培养孩子的兴趣爱好,从而让他们发现自己的优势,并由此鼓励自己,使自己充满信心。比如有的孩子喜欢弹钢琴,家长就要尽力培养,使他们有提高。当孩子因为学习成绩不好或其他事情感到自卑时,家长就可以对他们说:"没关系的,你看你弹琴那么棒,学习成绩一定可以提高。"让他们意识到自己并不是样样不如人的,从而增强他们的信心,使他们有动力在其他方面取得进步。

4.不能让孩子盲目自信

需要指出的是,虽然平时生活中的一些小的进步或成绩可以用来鼓励自卑的孩子,让他们振作、自信起来,但家长同时也要注意,不能让孩子因此盲目自信,不能因为一点小成就就觉得自己已经够优秀了,不用再努力了。家长要在通过这些小成就鼓励孩子的同时告诉他们,虽然这些说明你是有优点的,应感到自信,但不应自满、自大,这些成绩是远远不够的,在其他方面也要迎头赶上。只有这样,孩子才能更好地把握自己,使自己成长为自信、优秀的人才。

每天赞美孩子一次

思雨今年十二岁,是个六年级的小学生。她是个聪明可爱的小姑娘,大家都很喜欢她。可她却有些自卑,常常觉得自己什么都做不好。

思雨的自卑在很多方面都影响到了她的生活。比如与人说话时,她总是低着头,不敢正视别人的眼睛。课堂上,老师提问,思雨明明知道正确答案,却从来不敢举手回答,生怕万一答错受到嘲笑。还有,思雨的英语成绩很好,学校里组织英语竞赛时,大家都建议她报名,可她却拒绝了。因为她觉得自己并不是那么优秀,怕辜负大家的期望。时间长了,思雨甚至变得有些怯懦、胆小了。

思雨的情况让爸爸很是着急,他决定通过赞美的方式让思雨意识到自己的优秀,从而使她自信、开朗起来。这天去上学时,妈妈给思雨穿上了她最喜欢的一条裙子,爸爸便说道:"思雨今天真漂亮,这条裙子太适合你了。"思雨听了很高兴,不过并没有放在心上,觉得那只不过是爸爸顺口一说而已。她还是那么自卑、怯懦。

没想到从那以后,爸爸经常夸奖她,甚至每天都会夸一次。比如思雨写作业时很认真,爸爸会夸她;思雨的字写得比昨天好,爸爸还会夸她;有一天,思雨为爸爸捶了捶背,爸爸也会夸她长大了,懂事了,知道体贴家长。刚开始时,思雨对这些夸奖并不是那么在意。等时间长了，她才想：爸爸总是这么夸我，是不是真的说明我很优秀呢？由于爸爸夸她的每一件事都很具体、实在，思雨也就相信了。

慢慢地，大家都发现思雨变了，不再像以前一样自卑、胆小了。跟人说话时，她总是抬头挺胸，不卑不亢；上课时，她也经常举手回答问题，答错了也不会觉得丢脸。不仅如此，她还主动参加了学校组织的演讲比赛，并获得了二等奖。大家都说思雨比以前更加自信、活泼了。看到她的这些变化，爸爸也感到很欣慰。

上述案例中的思雨原本是个自卑的小姑娘，不敢正视别人，不敢回答问题，甚至对自己擅长的英语也没信心。爸爸通过发现她的优点并经常赞美她的方法，让思雨意识到了自己的优秀，逐渐变得自信、开朗起来，比以前快乐多了。

生活中，很多家长都不重视对孩子的赞美。这种现象主要有以下几方面的原因：

首先，当孩子表现不佳时，家长本能地会着急、生气，在情绪的支配下，便可能说出一些孩子让他们失望之类的话。其次，一些家长总是把目光聚焦在孩子的缺点上，期望他们赶快完善自己，很少主动去发现孩子的优点，更不用说赞美他们了。最后，不少家长都觉得赞美孩子会让他们骄傲，不利于他们的进步，因此很少赞美孩子。殊不知，来自别人的赞美对孩子来说是很重要的，能帮助他们意识到自己的优秀，逐渐变得自信、开朗。

因此，在教育孩子的过程中，家长要善于发现他们的优点，并经常通过赞美来鼓励他们，让孩子意识到自己的优秀，从自卑的阴影中走出来，变得自信、活泼，敢于接受挑战。这对于孩子的学习成长和人际交往来说都是很重要的。以下是一些供家长借鉴的关于赞美孩子的建议。

1.对孩子的夸奖要具体

为了帮助孩子通过夸奖变得自信起来,家长要注意夸奖的方法和事项,如果自己的夸奖听起来太抽象、虚假,可能会让孩子认为家长只是说说而已,不能当真,这样增强他们信心的目的也就达不到了。因此,家长的夸奖和赞美一定要具体,最好能针对某一件事进行赞美,比如夸奖孩子的字写得端正,夸奖他们为家长洗脚是懂得体贴人,夸奖孩子的衣服漂亮,等等。这些赞美听起来可信,会让孩子觉得舒服,认为原来我真的很优秀,至少在家长夸赞的这方面是不差的。这样才能有效地鼓励他们,使他们产生自信。

2.在日常生活中赞美孩子

家长需要注意的是,夸奖孩子、赞美孩子并不一定是孩子在哪个方面表现得特别优秀、突出后才能进行。如果孩子在某一方面虽然表现得并不是那么优秀,但与之前比,他们取得了大的进步,家长也可以对此进行夸奖。这就要求家长在生活中关注孩子的进步和成长。比如虽然孩子的字写得不算好看,但比以前要工整不少,家长就要夸孩子"字写得比以前好多了,值得鼓励"之类。这与夸孩子优秀一样,会给孩子动力和信心,让他们知道自己在越来越好,从而增长信心。

3.尽量多方面赞美孩子

同样需要家长注意的是,对孩子的赞美要尽量从多角度进行,尽量覆盖多个方面,不要重复。否则,会让孩子觉得家长的赞美并非真心,是在应付他们;或是觉得自己只有这一个优点,信心仍得不到增强。比如家长总是夸孩子的字写得漂亮,孩子要么会觉得自己只有这一个优点可提,要么会觉得家长怎么总是夸赞我的字,是不是在应付我,只是说说而已。时间长了,这种夸奖不仅起不到鼓励作用,反而会让他们厌烦,适得其反。因此,家长要尽量从多个方面赞美孩子,换个角度找孩子的优点,真正鼓励他们变得更自信、更优秀。

4.不能溺爱孩子

虽然赞美孩子对于让他们自信来说很重要，但家长也要注意，不能溺爱孩子。也就是说，不能随意地赞美、表扬他们。比如把他们表现得并不好的地方说成是优点，这会使得孩子变得骄纵、自负，培养不出真正的自信。因此，家长在通过赞美鼓励孩子时，一定要实事求是，不要夸张渲染，既要让孩子知道自己的优点，又要让他们意识到自己的不足，还要让他们有动力去改善，而不能溺爱、娇惯他们。

少批评、多鼓励，孩子更快乐

静琳是个五年级的小学生。她平时喜欢学习语文，语文成绩也很优秀，还曾经被选为班里的代表去参加学校组织的语文竞赛。可静琳对数学却一点兴趣都没有。平时听课总是走神，作业完成得也不太认真。

期中考试就要到了，大家都在紧张地复习，静琳也不例外，把复习重点放在了数学上，毕竟自己平时学得不怎么好。可到了考场上，她还是失望了，很多题她都不会做，只得空着。结果，她的数学竟然没及格。这个结果比静琳预想的还要糟糕。看到大家的数学成绩都比她高，她感到既失望又自卑。

回到家后，静琳把自己的成绩及自己的郁闷讲给了爸爸。爸爸一听她的数学没有及格便有些着急，但他很快冷静了下来，分析静琳不及格的原因。爸爸知道，静琳一向不喜欢学习数学，态度也不认真。但爸爸并没有批评静琳，而是问她："静琳，爸爸问你个问题，你觉得你的语文成绩为什么那么好呢？"

静琳想了想，答道："我觉得是因为我喜欢学语文，上课认真听，作业也完成得很好，还经常看一些课外读物。是这些原因吗，爸爸？"

爸爸点点头，笑着说："你说得对啊，静琳。你学习语文真的很认真刻苦，根本不用我和妈妈督促就会用功，是在主动地学，这种精神值得表扬呢。那爸爸现在请你想想，你的数学为什么学不好呢？"

静琳低下了头，明白了爸爸的意思。她在学习数学时的态度跟学语文时刚好相反，既不认真又不刻苦。

见静琳不再说话，爸爸接着说道："静琳，你已经明白爸爸的意思了吧。孩子，你的数学学得不好，并不是你的能力有什么问题，而是因为你的态度不端正。爸爸觉得，要是你把学语文的态度和精神用到学数学上，成绩一定会突飞猛进的。你要好好努力啊！"

爸爸的话给了静琳很大的鼓励。她想：是啊，如果像学语文一样认真学数学，成绩一定会像爸爸说的一样能取得很大的进步的。在爸爸的鼓励下，她充满了信心和斗志，决心提高数学成绩。从那以后，静琳学数学时认真多了。期末考试中，她的数学成绩有了很大的提高。

上述案例中，静琳因为偏科导致数学学得不好，甚至没能及格，这让她感到灰心、自卑。爸爸知道她的成绩后并没有批评她，而是夸奖了她语文学得认真，然后以此鼓励她把同样的认真态度用到数学上，并相信她能取得进步。在爸爸的鼓励下，静琳恢复了信心，成绩得到提高。

◎ 第九章 引导孩子充满自信地进行情商培养

生活中，当孩子的一些表现没能让家长满意时，很多家长便直接表现出自己的不满，严厉地批评孩子，甚至向他们发火，宣泄自己的情绪。这主要是由家长对孩子的失望及对他们的担心所导致的，这是可以理解的。但是，如果家长总是这样批评孩子，很容易摧毁他们的自信，让他们怀疑自己的能力，产生自卑感，对自己没信心；或是产生自暴自弃的想法，更加不容易改正缺点、完善自己。这对他们今后的学习和成长都是很不利的。

因此，在孩子成长的过程中，家长要注意对他们的教育方式，不要总是批评指责他们，可以试着用鼓励代替批评。这种方法既简单易行，又便于孩子接受。当批评减少而鼓励增多时，孩子就愿意付出更多的努力，因为他们获得了他人的赏识和认同，内心充满感激。这有助于孩子自信心的建立和完善，也会给他们的成长带来帮助。那么，家长应怎样用鼓励来代替批评呢？以下是一些供家长参考的建议。

1.从同一件事中发现孩子的亮点

为了达到鼓励孩子的目的，家长首先要找到孩子的亮点。其实，从同一件事中，家长往往就能发现孩子值得表扬的地方。也就是说，当孩子的表现让人失望时，家长先不要急着否定、批评他们，要先冷静下来，看孩子有哪些地方的表现可圈可点。比如前面案例中静琳的爸爸，他发现同样是学习，静琳学数学不认真，但学起语文来就刻苦、主动，这就是值得表扬的。发现了孩子的亮点之后，家长就可以向孩子指出这一点并就此鼓励他们。让他们知道，只要加以改善，是能够取得进步的。这样的鼓励自然会增强孩子的信心。

2.用孩子的进步来鼓励他们

除了寻找孩子的优秀表现之外，家长还可以通过孩子的进步来鼓励他们，这也是他们的表现的亮点之一。比如当孩子成绩下降时，家长可以试着寻找他们其他方面的进步，如字写得更好看了、听课更认真了等，并以此来鼓励他们，告诉他们，只要继续努力，就会有提高。这样比直接批评更让孩子有动力去改进和进步，也不会打击他们的信心，有助于他们的成长。

3.鼓励孩子的同时要指出不足

家长需要注意的是，虽然鼓励对于孩子来说很重要，但家长不能一味给予所谓鼓励和支持，同时要指出孩子的不足之处和改正方法。比如前面案例中静琳的爸爸，在鼓励、信任她的同时指出她的不足是学习数学时不认真，并建议她像学语文一样认真学数学。这样做不仅能帮孩子建立自信，还能帮助他们查漏补缺，更快地得到提高。

4.用名人事例鼓励孩子

除了用上述方法鼓励孩子之外，家长还可以用名人故事来激励孩子。比如当孩子遇到挫折，对自己的能力产生怀疑进而觉得自卑时，家长可以给他们讲一些名人的故事，让他们知道谁都会遇到困难，挫折只是暂时的，从而恢复对自己和未来的信心，有勇气和动力继续努力下去。时间长了，他们也会学着用这些故事鼓励自己，使自己更自信、更坚强。

教孩子对着镜子说"我是最优秀的"

李渊今年十一岁，是个懂事的男孩。他学习认真，成绩也不错。不过，他不怎么喜欢跟人打交道，因为他个子比较矮，为此很是自卑，生怕被人嘲笑。

◎ 第九章　引导孩子充满自信地进行情商培养

随着年龄的增长,李渊的个性越发封闭,身高给他带来的自卑感甚至波及了生活、学习的很多方面。学校的演讲比赛,他不敢参加,因为担心被人嘲笑身高;班会发言,他也总是推三阻四,同样是怕别人嘲笑他个子矮。他几乎没什么朋友,因为他总觉得别人会在背后议论他的身高,笑话他。渐渐地,他的行为更加孤僻,大家也不怎么跟他说话。

李渊的情况引起了妈妈的注意,她很担心李渊。妈妈觉得如果不赶快纠正李渊的性格和自卑心理,他可能会越来越孤僻,影响学习和成长,甚至产生心理障碍。妈妈决定鼓励他从自卑的阴影中走出来,变得自信、阳光一些。

这天,妈妈把放学回家的李渊叫到了镜子旁,让他观察一下镜子里的自己。李渊只看了一眼就转过了头,他对妈妈说:"你看我多矮,有什么好看的。"

妈妈却笑着对他说:"傻孩子,你不要只想着你的身高问题,想想你的其他情况吧,比如说你的学习啊,成绩总是名列前茅,老师最近还跟妈妈表扬过你呢。现在,你再照照镜子,像妈妈说的那样,想想自己的其他事。"

李渊不情愿地转过头,开始观察并联想与自己有关的事。他突然发现,除了身高,自己其他方面还是优秀的。比如学习成绩不错,跳远成绩不错,还会做不少家务活呢。这么想着,李渊突然不那么自卑了。他看着镜中的自己,脸上露出了笑容。

妈妈看到李渊笑了,语重心长地对他说:"渊渊,你是不怎么高,这是事实。可是拿破仑也不高啊,照样是杰出的军事家。再说了,你还有其他的很多优点啊,刚才你也已经想到了吧。你不能只想到自己的缺点和不足，也该想想自己的优点。"

李渊不说话了，他在想着妈妈的话。

妈妈继续说道："你答应妈妈一件事好吗？以后每天早上出门前，你都来照照镜子，想想自己的优点，然后对着镜中的自己说：'你真棒！继续努力。'好吗？"

李渊郑重地点点头。从那以后，李渊像妈妈说的一样，每天早上他都会来到镜子前鼓励自己。渐渐地，他发现自己身上的更多优点。他已经不再为身高而自卑了，也不再像以前一样封闭自己，他交了不少朋友，比以前更自信、快乐了。

上述案例中，由于身高的问题，李渊感到自卑，个性也较为封闭，不愿与人打交道。在妈妈的帮助下，他意识到了自己的优点，还学会了在镜子前鼓励自己。这些都使得他比以前更加自信、坚强，也交到了不少朋友。

成长过程中，能学会自我激励的孩子并不多。这主要有以下两方面的原因：一方面，孩子在遇到挫折、感到自卑时，自己已经陷入负面情绪中，很难摆脱阴影，然后激励自己；另一方面，一些孩子过度依赖他人的力量，总是期待别人能帮助自己重建信心、振作起来，却没有学会用自己的力量来激励自己。久而久之，孩子要么过度依赖别人，学不会自立；要么自暴自弃，对自己没信心，也没有勇气。这些都不利于孩子自信乐观的性格的养成，也不利于他们的成长发展。

因此，在平时的生活中，家长要教孩子学一些自我激励的方法。对着镜子鼓励自己就是一种很好的方法。不仅简单易行，而且快速有效。通过这种方法，孩子能对自己进行一个较为全面的观察和思考，发现自己的优点，尽快从自卑中走出来。以下是一些教孩子对着镜子鼓励自己的方法和建议，家

◎ 第九章 引导孩子充满自信地进行情商培养

长可以参考借鉴。

1.教孩子对着镜子想想自己的优点

当孩子感到自卑时，家长可以让他们站到镜子前，试着观察、思考一下自己。可以让孩子对自己进行一个较为全面的分析，尤其要想想自己身上的优点、被人夸赞过的地方等。比如，是否有人夸过自己漂亮，想想自己哪些科目学得好，哪些活动中拿过名次。这样一想，孩子就会从中得到勇气和信心，发现原来自己并没有想象的那么糟糕，还是有很多优点的，然后他们就会振作起来，恢复自信。

2.让孩子每天对着镜子说一声"你很优秀"

当孩子对着镜子想象完自己的优点之后，家长就要教他们对着镜子进行自我激励了。比如可以教孩子每天都对镜子中的自己说些鼓励的话，比如"你很优秀，加油""你是出色的，我看好你哦"这类的话，并做些鼓励自己的动作，让自己充满活力和信心。如果孩子会感到不好意思，家长可以给他们一个单独空间来进行，或是让他们在心里对自己说这些话。这样做能较为快速地让孩子恢复信心和斗志，使他们更相信自己的实力。

3.告诉孩子在自卑时想象站在镜子前

家长要注意的是，虽然对着镜子鼓励自己很有效，但孩子不可能时时刻刻都有条件站在镜子前鼓励自己，这就要求他们在自卑时能够想象自己站在镜子前鼓励自己的情境和心境。比如当孩子参加比赛却由于自卑而临阵退缩时，家长就可以让他们想象自己现在站在镜子前，想起了自己的很多优点，意识到自己是优秀的；当孩子因自卑而不敢与人打交道时，就要让孩子想想对着镜子给自己的那些鼓励，让孩子知道与别人相比自己并不差。只有这样，孩子才能真正通过镜子鼓励自己的方法让自己自信起来。

别再让孩子说"我不行"

嘟嘟和强子是好朋友,两人从小一块长大,个性却很不同。

嘟嘟的爸爸对他要求很高,希望他能成为一个各个方面都很优秀的孩子。在爸爸的影响下,嘟嘟对自己的要求也很高。他从小就刻苦学习,因此成绩总是名列前茅。但嘟嘟并不满足,成绩稍有退步他就会郁闷,觉得自己表现得很不好,还经常说些"我不行""我怎么这么笨"之类的话。不仅嘟嘟如此,爸爸也是一样。一旦嘟嘟的表现不如意,他也会对嘟嘟严加批评,怪他不努力。当嘟嘟说自己不行、抱怨自己时,爸爸就更觉得嘟嘟不争气,不但表现不好,还一点斗志都没有。生气的他便会对嘟嘟发火,更加怪罪、抱怨他。时间长了,嘟嘟对自己也快没有信心了,甚至产生了自暴自弃的心理,觉得反正爸爸也认为自己很差,那干脆就不努力了。爸爸对此既生气又无奈。

强子的爸爸则不同,他为人乐观开朗,对强子也没有那么高的要求。强子在班里也是佼佼者,爸爸为此没少表扬他。有一次,强子没发挥好,数学成绩下降不少。回家后,他便对爸爸说自己很笨,简单的题都没做对,他对自己没信心了。出人意料的是,强子的爸爸不但没有因为他的成绩下降而批评他,反而还鼓励他。尤其是强子否定自己的能力、说自己不行的时候,爸爸却不让他这么说,还说在爸爸眼里他一向是优秀的,这次只是没发挥好而已。只要努力,下次一定可以考得更好。爸爸还告诉强子："一定要相信自己。因为如果自己都觉得自己不行，那就没人会相信你的能力了。"这些都给了强子巨大的鼓励和勇气，他在爸爸的支持下一次比一次自信、勇敢，是大家眼里坚强、自信的好学生。

最近，嘟嘟和强子都参加了学校里组织的数学竞赛。初赛中，两人都发挥得不太好，但勉强进入了复赛。嘟嘟觉得能进复赛已是勉强，自己应该是得不到名次的了。这种心理状态导致他复赛的成绩一塌糊涂。强子则凭着自己的自信和勇气获得了二等奖。

上述案例中，嘟嘟对自己没信心、认为自己不行时，爸爸不但没有鼓励他，反而对他发火、让他知道自己很失望，这导致嘟嘟总是认为自己不够优秀，缺乏自信；强子的爸爸则总是鼓励强子，并阻止他的负面想法，不让他否定自己。这让强子成长为一个自信、坚强的人。

成长过程中，孩子有时会遇到挫折与挑战。这时，他们可能会由于缺乏经验和勇气而认为自己不行，没能力做好。对此，很多家长都会觉得孩子不争气、没斗志，进而对他们发火，却没有用适当的方法鼓励孩子，阻止孩子的消极思想，告诉孩子他们是优秀的。久而久之，孩子很容易对自己失去信心，并把"我不行"这种消极的语言挂到嘴边，内心里也会否定自己的能力。这对他们的成长和学习来说都是不利的。

因此，在教育孩子的过程中，家长要注意体察孩子的情绪。当发现他们开始否定自己的能力、认为自己不行时，一定要及时阻止他们的这些消极想法，要用适当的方式告诉孩子，他们是优秀的，不要轻易对自己失去信心。只有这样，孩子才能从消极情绪中振作起来，变得自信、有活力，这对他们的成长发展也是很有帮助的。那么，家长应该怎样杜绝孩子说"我不行"

呢？以下建议供家长借鉴。

1.让孩子不要轻易否定自己

当孩子因感到自卑而说些"我不行"之类的话时，家长可以告诉他们，自己对自己的肯定是最重要的，如果自己都认为自己不行，说些丧失信心的话，那就没人会信任他们的能力说他们行了，更没人能有效地鼓励他们。意识到了这一点，孩子就不会再轻易地否定自己，也不会习惯性地说些"我不行""我很差"之类的话。此外，由于一些孩子在没有信心时，经常会通过说些否定自己的话来获取别人的支持和鼓励，因此，这样做在一定程度上也可以减弱孩子对他人的安慰和鼓励的依赖性。

2.不要轻易否定孩子

孩子否定自己的能力、说自己不行，很大程度上是由于受到家长的影响。在他们没信心时，家长否定了他们的能力，甚至对他们说"你不行"。因此，不管孩子遇到什么困难，表现有多么糟糕，家长都不要轻易地否定他们，更不能说些"你不行""我对你没什么期望了"之类的话。当孩子没信心时，家长更应通过各种方法鼓励他们，使他们意识到自己的价值，恢复自信和斗志，摆脱消极情绪。

3.告诉孩子不要轻易被他人影响

有时，孩子对自己的否定主要是由于受了他人的影响。比如当被选为班里的代表参加比赛，结果却表现不佳，看到班里同学失望的眼神或是听到一些别人对自己的消极评价时，孩子很容易由此否定自己的能力，认为大家都觉得我很差，那我一定是差了。对此，家长要告诉孩子，要相信自己对自己的判断，不要轻易被他人影响，不能因他人的不信任而否定自己的能力。要让孩子明白，自己才是最了解自己的人，别人的否定不代表自己真的不优秀。只有明白了这些，孩子才不会轻易否定自己，不会总说"我不行"。

4.让孩子把"我不行"换作"我可以做得更好"

除了以上方法之外,家长还可以通过让孩子把"我不行"之类的消极语言换作"我可以做得更好"等激励自己的话。当孩子因挫折而否定自己,并在心里说"我不行"时,家长要及时给予鼓励,并教孩子把这类消极语言换掉。即使他们暂时还是难以振作起来,也要用有激励意味的语言换掉否定式的语言。在积极语言的不断暗示下,孩子的信心会逐渐复苏,信心会得到增强,从而慢慢恢复自信。

第十章 需要家长避开的情商教育"雷区"

◎ 第十章 需要家长避开的情商教育"雷区"

莫让情商教育变成孩子的负担和苦恼

"哎,珍珍,你看看都几点了,磨磨蹭蹭干什么呢?还不赶紧去上课!"

"哎,珍珍,该去练钢琴了。快点!"

"哎,珍珍,你看看你的时间表,这会儿是玩的时候吗?"

……

珍珍每天都要听着妈妈这么唠叨几百遍。她觉得自己耳朵都要起茧子了。

原来,珍珍妈妈最近在对珍珍进行"情商培养魔鬼训练",为珍珍安排了一张作息时间表,目的就是为了增强珍珍的自我管理和自我约束的能力,还能提高学习成绩,发展特长,让孩子变成一个高智商和高情商的人才。

看着长长的时间表,珍珍有些叫苦不迭了。每天的忙碌让她的身体和精神吃不消了,心情也跟着变得沉重和压抑。

"我妈真是的,非要我培养什么情商,还嫌弃我笨,整天催来催去,简直跟地主一样,我都快被逼疯了。"珍珍坐在教室里无奈地向好朋友小方诉苦。

"情商培养?你妈妈这是唱哪出啊?"小方好奇地问。

"唉,我怎么知道。你知道吗,我妈现在连衣服都不给我洗了,什么都要自己动手，就像闹钟一样地催促我、监督我，我都快烦死了。"珍珍不停地抱怨着。

"没事，你妈也是为你好吧。"

"嗯，我知道为我好。可是现在这样搞得我好累。唉，我妈还不知道要对我'教育'到什么时候。"珍珍生气地打断了小方的说话。

上述案例中的珍珍因为妈妈的"情商培养魔鬼训练"而深受苦恼。其实，情商教育并不应该成为孩子的负担，情商的培养可以体现在生活的各个方面，让孩子在生活中不知不觉地培养情商。情商教育不应该是明确的一种任务，让孩子感觉如同在完成一项枯燥的任务。情商教育一旦变成孩子的负担和苦恼，让孩子从心理上开始厌烦所谓的"情商培养"，反而会弄巧成拙，让孩子变得消极，从心理上和行为上拒绝情商培养的方式。这样反而会让孩子无法提高情商，尤其是青春期的孩子，逆反心理比较明显，更有可能加重逆反情绪，亲子关系也会受到不良影响。情商教育如果变成孩子的烦恼，同样会成为家长的负担。如果家长再缺乏耐心，那么孩子的情商教育会更加困难重重。因此，家长要让情商教育变得轻松愉快，让孩子在快乐中收获高情商，健康成长。这里有几点建议供家长参考，希望能对家长们有所帮助。

1.家长要正确认识情商教育

家长要培养孩子的情商，首先要对情商有正确的认识。情商教育要培养孩子正确认识情绪并能实现自我调整和自我激励，情商高的孩子往往外向活泼、乐观积极，社交能力强。情绪是一个抽象的对象，因此对情商的培养无法像学校的学科教育一样，有非常明确的锻炼方式和题目训练。作为家长，对情商和情商教育要有正确的认识，比如通过查阅书籍资料等方式。家长在对情商的认识过程中要避免自己的"想当然",从而达到对情商科学客观的认识。

2.生活是培养孩子情商的最好场所

情商培养的是孩子在生活中对情绪的控制能力,情商的培养也体现在生活的各个方面。家长不必刻意对孩子的情商培养进行"魔鬼训练"。比如在孩子心情不好或发怒的时候,家长可以趁此机会教孩子学会调节心情。孩子无法对自己的情绪理智控制,家长就要帮助孩子学会控制和调节自己的心情。孩子平时接人待物、为人处事的方式和态度就是孩子情商的具体体现,家长也可以注意观察,寻找孩子的"短板",对孩子的情商进行潜移默化的影响,让孩子在生活和经历中提高情商,在实践和锻炼中提高情商,在培养情商的时候没有负担和烦恼。

3.家长的态度和方式很重要

君君是个女孩,虽然有个男孩子的名字,性格也一直有点像个"假小子"。可是最近,这个"假小子"却有点不太一样了。

细心的爸爸首先发现了孩子的问题。一向大大咧咧、开朗活泼的她,这两天却总是一回家就闷闷不乐地独自待在房间里,话也没有平时多了,也没有平时爱笑了。

这天晚上,吃过晚饭后,君君又一言不发地回到了房间关上房门。

"咚咚咚",爸爸的敲门声把君君吓了一跳,"君君快点开门,我还拿着东西呢。"

爸爸端着一杯果汁和一个削好的苹果进来了。"在看书啊,嘿嘿,心情不好就不要看这样的书了,"爸爸说着合上了君君书桌上的数学书,"来,看看这种吧,"说着从背后拿出一本《人生感悟》,"不过这会儿你不适合看书，不如先吃个苹果吧。"

"爸爸，我不想吃。"君君有点难过地说。

"如果有不开心的事，说出来或许会好点。就算我不能帮你，但至少可以听你说说话。或许以我几十年的经验，还可以给你出出主意呢。"

爸爸的幽默惹得君君发笑了，于是把连日来的学习压力及她和好朋友之间的小矛盾一股脑地全说给了爸爸。

"其实，学习压力呢，你不用太重视。我们也不会只看成绩不管其他的，尽力了就是。至于你和好朋友，真正的朋友之间是不会太在意这些小事情的。如果斤斤计较，那只能说明还不够好。所以呢，你先审视一下你们的关系，然后再想想要怎么做。我希望你能当一个理智、睿智的人。"爸爸笑着说。

本节开篇案例中的妈妈在训练孩子情商时如同一个闹钟一般监督孩子，这样的方式和态度其实是不对的。于是，孩子对妈妈产生了抵触情绪，而且这种消极情绪本身便是对情商提高的不良影响因素。因此，家长的训练方式也是收效甚微。在对孩子的情商教育中，家长要找准自己的定位，明确自己扮演的角色，才能发挥最大的作用。家长在孩子的生活中应该是引导者、帮助者、支持者，而不是监督者、规划者、操纵者，家长要学会蹲下和孩子说话，即和孩子在平等的基础上进行沟通，当孩子的良师益友，能够给孩子指导性的建议而不是命令，是和孩子交流而不是斥责。在态度上，家长要让孩子能够感受到家长的关心，让孩子能够放心地对家长倾诉。家长也要留意孩子的情绪变化，只有对孩子的心理状态、情绪及生活足够了解，才能对孩子的情商培养更加有计划。家长在培养孩子情商时，还可以采用不同或趣味性的方式，比如改说教为书信、改斥责为安慰，这样效果会更好一些。

情商教育要符合孩子的个性特点

安安是个从小听话可爱的孩子，但是妈妈希望他能够活泼一点，总是觉得孩子不够勇敢。"你看看你，一个男孩子，成天躲在家里，说个话都吞吞吐吐，这样怎么行！"每当妈妈看着安安小心翼翼地说话，总是忍不住这样说他。

星期天，爸爸妈妈带安安去儿童公园。在售票口，妈妈对安安说："安安，今天自己去买票好不好？今天人也不多，妈妈在这里等你。"

安安不说话，他把目光转向一旁的爸爸。"对啊，安安你也都这么大了，自己可以试一试买票啊。来，爸爸给你钱，记得找的钱要拿好啊。"看到爸爸不仅没有"救"自己，反而帮着妈妈，安安顿时犯了难。

"我，我……"安安说话都变得结结巴巴了。

"你'我'什么啊，这么大了，这点事都不敢吗？"妈妈就知道安安胆小不敢，看着他踌躇的样子，顿时来了气，声音都比平时大了好多。

"不要那么大声好不好？你看你把他都吓着了。"爸爸一看情势不好，连忙为安安说起了好话。

"你看看他，胆子这么小，跟人说句话都好像多为难。这么大的孩子了，谁还跟他一样啊，这样以后该多没出息！"妈妈越想越来气，"你真是越来越像个小姑娘了。你说这样下去，长大怎么办？"妈妈越说越来气，又开始说安安像女孩了。

安安听见妈妈这么说，眼泪不由自主地在眼眶里打转转。其实，他自己不是不想让妈妈开心，只是他不太喜欢活泼，更喜欢安静一点，但是妈妈却觉得这样像女孩。安安以前从来没有自己做过什么，现在妈妈却逼着他独自买票，他难免会有点害怕。

"今天你要是不自己去，那我们就不要去玩了！"妈妈强硬地说。她是铁了心想让安安变得坚强、独立一些了。

看着妈妈凶巴巴的样子，安安只能在一旁手足无措地哭着。

上述案例中的安安是一个内向安静的男孩，而妈妈却希望他能够像别的孩子一样活泼开朗，能够自己学会做很多事，成为一个能独当一面的小男子汉。但是从孩子的表现看，他显然对妈妈的这一要求有点无所适从。妈妈在对孩子提出要求时忽略了孩子的性格特点，让孩子用他不喜欢或不适合的方式来处理事情。这种方式其实是不正确的。因材施教的道理人人都懂，但是要实施起来却不是那么容易。家长在培养孩子情商时，如果不能根据孩子的自身情况来设计教育方案，而是根据自己的要求和方式来强迫孩子，那么结果只能是适得其反，孩子会因为家长不恰当的教育方式而产生抵触或畏惧的情绪。这样更加不利于孩子接受家长的意见，对孩子的情商培养是没有益处的。了解孩子的个性特点，不仅有利于家长因材施教，而且能够帮助家长发现孩子的"短板"，寻找孩子情商中的缺点，对症下药，这样才能切实提高孩子的情商，帮助孩子健康成长。这里有几点建议供各位家长参考，希望能对家长有所帮助。

◎ 第十章 需要家长避开的情商教育"雷区"

1.家长要对孩子的性格特点充分了解

每一位家长可能都觉得自己对孩子是最了解的。但即使如此,家长和孩子在处事方式上却还是会有分歧,随着年龄的增长,这种分歧还有可能会升级成为矛盾。家长与孩子朝夕相处,要想了解孩子的性格特点可以通过很多方式,比如观察法。对于年纪比较小的孩子,可以通过观察他们生活中的细节,分析孩子属于外向性格还是内向性格,了解孩子的喜好、处事风格等。随着孩子的成长,性格也会发生或多或少的改变。因此,家长也要及时调整教育方式,随时保持对孩子的观察,以便帮助孩子更好地成长。了解孩子的喜好特点,是促进家长和孩子更好交流的桥梁。比如有的孩子不喜欢别人以"命令式"的语气来说话,那么家长可以在表达意见时在态度上稍作改变。这并不是家长一定要迁就或纵容孩子,而是一种尊重,也是为进一步的沟通打下良好的基础。孩子对自己情绪的控制能力弱,如果从一开始就让孩子对家长产生抵触情绪,那家长的建议和教育对孩子而言也是无用的。

2.根据孩子的个性特点设计教育方式

每个孩子的个性特点都是不同的,只有对孩子的个性特点了解后才能够发现孩子的缺点。比如有的孩子性格直率,做事雷厉风行,往往比较开朗,但偶尔会显得有些鲁莽。在和别人交往时,有时候会在不知不觉中伤害到别人。对这样的孩子,家长要教他说话做事学会三思而后行。而有的孩子天生胆小,比如开篇案例中的安安,做事畏首畏尾,不敢独自行事。对这样的孩子,家长要以鼓励为主,责骂只会加重孩子的畏惧情绪,更让孩子对自己没有信心。人无完人,没有人的个性是十全十美的,家长要正视孩子的性格特点,为孩子量身定制教育方式,取长补短,让孩子拥有高情商。

3.家长不要把孩子打造成自己的翻版

家长总有"望子成龙,望女成凤"的心情,总希望孩子能够按照自己的愿望发展,甚至将孩子视作另一个自己,希望孩子能够完成自己的梦想。孩子是家长生命的延续,但也是独立的个体。每个孩子都有自己的自由,家长在教育孩子时要学会尊重孩子的个性发展,不要一味地希望孩子能够变成自己希望的样子。比如有的孩子天性比较文静沉着,属于内向的人,活泼好动和善于交际对他来说可能比较困难。那么,家长可以不用强求,只要孩子懂礼貌、没有心理问题即可,不需要强求孩子一定要左右逢源甚至八面玲珑。任何性格都有优点和缺点,家长要教孩子发挥自己的特长,而不是对孩子进行改造。家长要对孩子的个性充分尊重,不能左右孩子的个性发展,不要让孩子成为家长自己的翻版。家长要找到适合孩子发展的道路,教孩子完善自身性格特点,提高自己的情商。

情商教育要灵活多变,不能照本宣科

欢欢的爸爸最近在研究关于儿童教育的书,他从书上得知,孩子的情商培养和智商教育同样重要,拥有高情商的孩子甚至要比仅仅拥有高智商的孩子更加具有竞争力。因此,他从书店买回来了一套名为《孩子情商培养大全》的书籍,准备好好研究研究,然后在欢欢身上试验一下,好将她培养成一个高情商的"成功孩子"。

"哎,欢欢,你愁眉苦脸地干啥呢?你看啊,这样可不好。书上说

◎ 第十章 需要家长避开的情商教育"雷区"

了,高情商的孩子乐观是第一的,因为乐观呢……"

爸爸刚准备把自己苦心研究的书籍拿出来炫耀一番,也是进行一次教育演练时,欢欢就没好气地打断了他:"哎呀,爸爸,我这会儿烦着呢,怎么可能笑得出来!"

"心情不好?心情不好那就更要注意了。你看啊,书上说了,高情商的标准之一就是学会控制和调节自己的情绪,也就是'不以物喜,不以己悲'。既然你这会儿心情不好,那就正好来练习一下这样控制情绪的方法。来,我跟你说啊,首先你可以用深呼吸的方法……"爸爸听说欢欢心情不好,想着正好可以来试一试刚看的那本《情商培养大全》里的"情绪控制法"。

"爸爸,我下个月的考试很快就要到了,我这几天正紧张着呢,你还是别拿你那个什么'情商培养'来烦我了啊。我心里没毛病。"欢欢跟爸爸说完,正准备转身进房间复习,爸爸却拉住了她。

"哎呀,考试啊,别烦了,越烦恼越影响学习和发挥。哎,对了,我想起书里有专门关于考试减压的方法,你可以试试。书上说啊……"

"哎呀,爸爸,你看看,你简直跟整天唠叨'子曾经曰过'的吕秀才一样了。书啊,还是你自己留着研究吧。"欢欢苦着脸走开了。

"我照着书上说的教育你,我还有问题了?"爸爸疑惑地自言自语。

上述案例中的爸爸为了培养孩子的情商,特意买了相关书籍认真研究,想在孩子身上试验一番,并希望能对提高孩子的情商有所帮助。可是,爸爸的好心似乎并不为孩子接受,爸爸的方式也没有取得效果,反而被孩子取笑是整天唠叨"子曾经曰过"的"吕秀才"。其实,孩子的取笑并不是没有道理。从教育的方式来说，爸爸未免有点太过死板，对书籍过分依赖。从教育结果来说，孩子没有接受，这种教育方式自然也没有什么成效。其实，家长照本宣科的方式是不适合教育孩子的。首先，从情商教育自身特点来看，情商是一种抽象智慧，体现在生活的各个方面，需要解决的问题也是生活中的不同问题。因此，它涉及范围广，特别针对性不强，而那些照本宣科似的"规律"显然是无法适应这种灵活的问题的。其次，这种死板的方式没有新鲜感，对孩子来说也没有吸引力，要想孩子接受自然是更加困难。最后，书是死的，而生活中面临的问题却不是那么固定和死板，要想以书籍内容的"不变"来应对生活的"万变"，显然是办不到的。因此，家长对孩子的情商教育应该采用灵活多样的方式和手段，这样才能更好地达到教育的目的，提高孩子的情商，帮助孩子更好地成长。这里有几点建议供各位家长参考，希望能对家长们有所帮助。

1.家长不要过分依赖和信任书籍

书籍是对优秀思想的集合表达，因此具有很高的借鉴意义和学习价值。家长在教育孩子的过程中，参考一些相关书籍是很有帮助且很有必要的，但是这并不意味着对孩子的教育完全依赖于书籍。尽信书不如无书，家长如果过分依赖书籍，则会陷入书籍的教条里，这就变成了"死读书"。而教育孩子不是应试教育的考核方式——答卷，孩子就是一道没有固定题目和问题的试题，仅仅依靠那些教条或规律是解决不了问题的。同时，要提醒家长的是，市场上的书籍并非本本都是精品，书中的话也不是句句都有用。作为家长，要有辨别优劣的能力，能够去伪存真，用真正的优秀思想来教育孩子。比如学习著名教育大家的教育思想和方法、购买权威正版的书籍等。

2.家长要学会"举一反三"

书中的教育方式的确有许多是很有用的，家长在教育孩子时可以试一试

◎ 第十章　需要家长避开的情商教育"雷区"

或作为参考。但是，这些方式并不是唯一的途径，所以家长在教育孩子时不要原封不动地生搬硬套，而是弄清楚这些方法背后的目的以及核心，真正了解其用意，然后以这些方法为起点，达到举一反三的要求，做到融会贯通，让这些"教条"发挥更大的效用。知识也是来源于生活中的经验，家长在阅读书籍时要注意结合生活实际，从实际出发，并在实际中运用和实践；将书籍中的知识变成实际教育中的力量，并在实践中不断总结。通过理论和练习的双重锻炼，家长也可以将自己打造成为"教育达人"了。

3.教育方法要灵活多变

再神奇的方法，如果一成不变地天天使用，过不了多久，孩子便会觉得没有新意。正如神奇的良药，如果使用次数过多病毒也会产生抗体一样，孩子也会对这种方式无动于衷，最后家长的教育计划也只能以失败告终。孩子的天性是好奇的，家长的教育方式也是要灵活多变的，让孩子保持新鲜感，又能增加趣味性，将书中的枯燥教条理论变成可观可听可感的生动实践，孩子自然会被吸引，并且乐于尝试。再好的教育方法如果不被孩子接受，那也是无用。因此，家长还要根据孩子的喜好和特点来选择适合孩子的教育方式，或者将教条理论进行改造，使之与孩子的实际情况达成一致，这样才能让它真正发挥作用。比如培养孩子与人合作的能力，除了家长自己陪孩子进行游戏合作外，还可以让孩子多与同龄人进行合作，或者经常和不同的人进行合作尝试，培养孩子与人相处的能力。总之，家长的教育方式要灵活多样，对孩子有吸引力，这样才能提高孩子的情商，帮助孩子顺利成长。

情商教育不能伤害到孩子的自尊心

周末,妈妈带天天去小姨家玩。临出门前,妈妈对天天千叮咛万嘱咐:"天天啊,到了小姨家要听话,不要大声吵闹,不要随便动小姨家里的东西,更不要惹小姨家里的小弟弟哭,知道吗?玩具不要抢,你是哥哥,要照顾小弟弟的。还有,吃东西的时候不要那么大声。你要乖,要不然的话,小姨会觉得你不听话,妈妈也会很没面子。知道吗?"

"嗯,我知道了。那妈妈你能答应我一件事吗?"天天望着妈妈,有点胆怯地说。

"你说。只要你听话,妈妈肯定会答应的。"妈妈边给天天整理衣服边说。

"那你能不能不要在小姨家里骂我……我……"天天低着头吞吞吐吐地说。

"那你就要记住我说的啊!只要你没错,我怎么会说你呢?我说你都是为你好,你要记住啊,犯了错改掉才是好孩子。"天天话还没说完,妈妈就"义正词严"地又说了他一顿。

"好吧,我记住了。尽量不去犯就好了。"天天无奈又有点委屈地说。

到了小姨家,天天一进门就和小姨家的弟弟在一起玩去了,妈妈叮嘱他的话都忘了一半。

◎ 第十章 需要家长避开的情商教育"雷区"

"这个是我的!"

"那你借我玩一会不行吗?怎么那么小气!"

天天想玩弟弟的遥控车,可是遥控车是弟弟的新宠,他不想和哥哥分享。但是面对身强力壮的哥哥,弟弟夺不过他,只好使出了撒手锏——哭。这一哭把自己的妈妈和天天妈妈都招来了。

妈妈不由分说就骂起了天天:"我是怎么跟你说的,你又是怎么答应我的!你看看你,跟你说了多少次,不许惹弟弟哭。你真是太不听话了。"妈妈的一通数落让天天很伤心。看着一边得意扬扬的弟弟对自己扮鬼脸,天天更生气了,他觉得妈妈让他很没面子。

吃饭的时候,天天看着自己喜欢的红烧鱼,又忍不住喜滋滋地吧嗒着嘴大快朵颐,妈妈看着天天又开始数落他:"吃饭都这么没样子。真是的,你都没有弟弟有教养。"

"嗯,我不好,那你找他做你的孩子好了。"天天红着脸说道,一扭头自己就要回家。

上述案例中的天天在亲戚家的表现让妈妈不满意,结果妈妈在其他人面前进行"公开教育"。这让孩子觉得很没面子,觉得妈妈不够爱自己,甚至建议妈妈"换孩子"。妈妈对孩子的教育没有错误,但是当着亲戚的面对孩子多次数落,会对孩子的自尊造成伤害。一旦孩子觉得伤害到自己的尊严,就会忽略自己的错误,转而将注意力放到家长对自己的态度上。孩子的自尊心是非常脆弱的,家长一定要保护孩子的自尊。有的家长可能认为孩子是"没有尊严"的,这样的想法是不正确的。每个人都是有尊严的,即使是孩子也不例外。孩子的自尊心更需要家长的培养和保护。如果在公开场合对孩子进行批评教育且言语生硬,会让孩子觉得自己出丑,也认为是家长对自己的不在乎和不尊重，严重者甚至会给孩子的心理留下阴影，对孩子未来的行为处事会有深刻的不良影响。因此，家长在情商教育中既要提高孩子的情商，还要注意保护孩子的自尊心。这里有几点建议供各位家长参考，希望对家长们多有帮助。

1.家长要学会尊重孩子

从幼儿时期起，孩子的自我意识便开始形成，有的家长认为"孩子没有自尊心"的想法是不正确的。自尊心对孩子的健康成长有重要的意义，是孩子成长和前进的重要动力。孩子的自尊心其实是外界对自我意识的一种反馈，孩子都是非常在意别人对自己的评价，尤其是家长的评价。家长的地位在孩子心中是非常重要而且特殊的，因此如果家长对孩子的自尊心进行伤害的话，对孩子的影响也会是非常大的。作为家长，要尊重孩子的自尊心，而且要引导孩子学会自爱自重，更好地理解何为"自尊"。家长对孩子的尊重要发自内心，将孩子放在和自己平等对话的位置上，学会尊重孩子。这样，孩子才能体会到被人尊重的快乐，才能学会尊重别人。

2.家长要从细节上维护孩子的自尊心

尊重孩子不是一句口号，家长要将对孩子的尊重落到实处。对孩子自尊心的维护，家长要从细节做起。首先，不要在大庭广众之下批评教育孩子。孩子不喜欢被批评，更不喜欢在大庭广众之下被批评。让别人知道孩子的错误，对孩子来说是非常伤面子的。将心比心，大人更是如此。己所不欲，勿施于人。即使孩子有错，也不要在大庭广众之下当即对孩子进行批评。其次，家长要注意对孩子说话时的态度和措辞。过激的言辞和过分强硬的态度对孩子来说是一种不尊重。孩子的心灵非常脆弱，家长应该对孩子耐心地引导和帮助，而不是通过类似打击或攻击性的言辞来达到教育的目的。"良言一句三冬暖，恶语伤人六月寒。"语言的力量是非常强大且微妙的，家长对孩子进行教育时更要注意。家长可以采用行为暗示的方式来巧妙地维护孩子的自尊心。有时候，语言会伤人，家长不妨使用行为暗示，从而达到教育孩子的目的。

3.家长要注意孩子自尊心的"禁区"

错误有轻有重，正如有些错误不可原谅，孩子的自尊心也有不可轻易碰触的禁区。在对孩子的情商教育中，家长要格外注意。首先，家长如果经常因为自己的主观臆断或其他原因冤枉孩子，就会对孩子的自尊心产生严重打击。被家长冤枉会让孩子觉得家长对自己不信任，也会对自己的能力产生怀疑。长此以往，孩子还会消极对待问题，甚至因为和家长对抗而故意犯错。所以，家长在生活中要注意不要冤枉孩子。如果冤枉了孩子，家长要记得道歉，向孩子说明原因。其次，不要宣扬孩子的错误。俗话说："家丑不可外扬。"对孩子来说，自己的错误如果经过家长的宣扬，最后闹得人尽皆知，自尊心就会受到非常严重的打击，孩子也会对家长不信任甚至产生敌意。这对亲子关系是非常不利的。最后，家长要注意不要对孩子过去的错误揪住不放。家长如果总是将孩子曾经的错误挂在嘴上，那对孩子来说将是一个"不善意的提醒"，也会深深伤害到孩子的自尊心。

不要用大人的情感标准衡量孩子

小梅自从放学后一进门就一言不发，把自己关在房间里不说话也不理人，吃饭的时候也不出来。

"小梅，快出来吃饭了。"妈妈的声音已经在门外响了好几遍，可是小梅一点动静都没有。

"小梅，怎么了？快出来吃饭。叫你半天了，怎么这么不听话。快点，再不出来我生气了。"爸爸在外面略带生气地说。"不出来的话，那晚饭我们吃完了你就不要吃了。"

过了一会儿，小梅一言不发地走出来，端着饭碗没滋没味地嚼着。

"要吃饭就好好吃。"爸爸不温不火地说。这让小梅更加觉得委屈了。

"爸爸，你怎么不问问我发生什么事了？一点都不关心我！"小梅撇撇嘴说道。

"你能发生多大的事？在学校里又能有什么事啊！无非就是小孩子之间的那点小矛盾嘛，快吃饭，吃完饭写作业。好好学习才是对的。"

看到爸爸压根不在乎自己的心事，小梅觉得更委屈了。

"今天老师冤枉我了。座位旁边的垃圾不是我扔的，今天值日生也不是我。可是他却当众批评了我，说我不讲卫生，破坏教室环境。"小梅自己一股脑地说出了今天在学校里发生的事，本来以为爸爸会安慰自己，可还是没想到却被爸爸又批评了一顿。

"既然在你座位旁边，那你捡起来不就行了嘛。这点小事还要计较这么多吗？再说，老师管教学生，说几句不是很正常吗？我们小时候还经常被老师打呢。每次打得还都特别狠，照你这么说，那我岂不是跟老师都有深仇大恨了？"爸爸轻描淡写的样子让小梅很受挫，她没想到爸爸竟然会这么说。

"爸爸，你怎么这样说呢？不管是谁都不能随便冤枉别人吧。再说了，我在外面受委屈，你还要说我！"小梅没好气地说。

◎ 第十章 需要家长避开的情商教育"雷区"

"说你怎么了？"爸爸反问道，"芝麻大的一点事，你唠叨了半天，回到家还喋喋不休，还要影响家长的心情。这本来就是你的不对了，你还这么有理。"

"爸爸，你太不讲理了。"小梅说着就哭着跑开了。

上述案例中的小梅在学校受了老师的委屈后，本以为爸爸会安慰自己，没想到被数落一通。爸爸认为这点"小事"不足以拿来大做文章，因此将孩子的委屈一笑而过，置之不理，还告诫孩子"好好学习"要紧。这种态度让孩子非常生气并且感到失望。从大人的角度看，孩子遇到的这些"事"都是不值一提的小问题，根本不用费脑筋，更不值得为此伤心难过。但其实不然，对孩子来说，被老师冤枉、和同学闹矛盾这些事都是非常重要的事，心里的委屈应该得到家长的安慰和理解，家长满不在乎的态度让孩子感到更加委屈。其实，家长和孩子的想法虽然不同但是都没有错。之所以造成这种分歧，是因为家长和孩子的情感标准不同。相对于孩子来说，家长的阅历和年龄都有绝对的优势，因此也更加成熟和理智，看待问题的深度要比孩子多很多。孩子则不同，年龄尚小、经历尚浅，认知水平也还不够高。在家长眼里不值一提的小事，对孩子而言也是惊天动地的大事。如果自己的问题得不到家长的重视，孩子就会觉得很受挫，会加重负面情绪。长此以往，对孩子的成长和心理健康也是不利的，亲子关系也会随之受到不良影响。因此，家长要学会不要用自己的情感标准来限制孩子，要学会站在孩子的角度看待问题。这里有几点建议供各位家长参考。

1.家长要学会理解孩子的情感标准

虽然在大人眼里，孩子的世界是非常简单的，孩子世界的小事没有必要大动干戈。但这些小事对孩子来说，可能是非常重要的。因此，家长不要用自己的情感标准作为对孩子内心的评判标准，不要将自己的是非观念强加在孩子身上。要学会理解孩子，家长首先不妨学会"变成孩子"，站在孩子的内心世界来看待问题。比如孩子在学校受到冤枉，家长可以想象假如换成自己受到冤枉，那会是什么感觉？自己在小时候被冤枉后又是怎样的感觉？换位后再进行思考，家长就会对孩子面临的问题感同身受，也就不会觉得孩子是在小题大做了。

2.家长不要漠视孩子的情感需要

开篇案例中的爸爸，没有考虑到孩子不开心的原因，也没有给孩子适当的安慰和心理疏导，而是以一句"学校里能有什么事"为由敷衍了事；在孩子说出心里的委屈后，爸爸也是一笑置之，轻描淡写地结束了问题。这让孩子很受打击。作为家长，不要漠视孩子的心理需要，尤其是在孩子面临问题时。其实正如很多家长所说，孩子面临的问题都不是什么大的事情，很多不开心也都是孩子的自我心理调节能力弱导致的。因此，孩子更需要家长的帮助和心理疏导。在孩子需要家长的时候，家长如果拒绝或不以为然，孩子就会认为家长对自己不在乎或不关心。以后，当孩子再受委屈时可能会选择不告诉家长。长此以往，对家长和孩子都是不利的。家长不要不经过判断就断定孩子是错的，尤其是不要用成年人的惯性思维来判定孩子就是错的。例如孩子被老师冤枉，而家长却觉得老师教育学生是天经地义的，学生不应该对老师抱有成见。这种思维方式对孩子是一种不尊重。家长应该对孩子正确的情感标准表示赞同，但也要引导孩子学会理解别人，学会全面看待问题。

3.家长要帮助孩子变得成熟

孩子的情感标准难免会有些狭隘和幼稚，家长要看到孩子年龄、阅历等多方面的限制，对孩子表示理解，但这不意味着对孩子听之任之、绝对赞同。家长的意义在于帮助孩子更加成熟，健康成长，因此要帮助孩子学会理智、理性、客观、全面地看待问题,向大人的情感标准靠拢,在生活中变得更加成熟,这才是成长的根本目的。但家长要注意的是,要引导孩子探索和学习正确的情感标准,而不是以自己的情感标准为根本标准,引导孩子不是将自己的价值观念全部灌输给孩子,让孩子全盘接受。作为独立的个体,孩子有权和家长持有不同意见和情感标准,在任何时候,家长都应该不以自己的情感标准来衡量孩子、限制孩子。

情商教育是长期的,家长不要急于求成

"砰——"房门狠狠地摔回去之后,一个人影呼呼地消失在了卧室里。

"得,今天又不知道是哪根筋不对了。"爸爸已经对毛毛的这种行为习以为常了。

"他经常这样,是发什么疯。"妈妈对毛毛可没有那么好的脾气。"你说我都说了多少次,他怎么是这样一个孩子。屡教不改,说了都不长记性。"毛毛的脾气开始越来越不好,爸爸妈妈总觉得是小时候对他太过宠溺,以至于他现在动不动就和别人发生矛盾。而妈妈对他的管教也开始变得严厉。

"你看看,这距离他上次发脾气才多久?他今天又闹成了这样。我都说了多少次了,他还是老样子。"妈妈生气极了。

"妈,我饿了!"毛毛一副气急败坏的样子走了出来,凶巴巴地对

着客厅里的妈妈说。

"饿了,你自己去吃啊,跟我说什么。你看看你现在的样子,整天好像谁欠了你多少钱一样!"妈妈听着毛毛态度不好,不由更加生气了。

"你说说你,整天这样像什么样子!跟你说了多少遍了,不要在外面和别人发生冲突,对家长说话要有个说话的样子。唉,你看看你,站没站样,坐没坐样,要跟你说多少次才能记住。唉,你看看,我说过吃饭不要那么大声。你说我说话你能记住多少……真是的,简直太不像话了!"妈妈看着毛毛似理非理的样子,一口气数落了半天。

"妈,你这些话我都快听得耳朵起茧子了。你看看你,这些天说了多少次了,我不想再听了。"毛毛听着妈妈千篇一律的话,也开始发脾气了。"你这两天是怎么了,嫌弃我这个嫌弃我那个。我这么多年都是这么站这么坐这么吃饭的,一时改不过来,行了吧。"

"你看看你,自己有错还有理了是吧?真是气死我了!"妈妈气呼呼地看着毛毛,抬手想打结果被爸爸拦住了。

"你这是干什么。他说得对,这么久已经习惯了,你要让他改还得给他点时间吧!"爸爸对气呼呼的妈妈说。

上述案例中的毛毛从小被家长宠溺。当发现孩子的脾气开始越来越暴躁时,妈妈想对孩子进行情商教育,帮助孩子改正习惯,但是妈妈的方式有些操之过急,因此导致了家庭矛盾升级、亲子关系恶化。俗话说:"冰冻三尺非一日之寒。"习惯的养成不是一天两天,要想改正也不是一两天可以做到的。教育是一件非常考验耐心的事,对孩子和家长都是一种考验。家长要想在对孩子的情商教育中取得立竿见影的效果,是非常困难的,也是不现实

◎ 第十章 需要家长避开的情商教育"雷区"

的。急功近利的教育会给孩子和家长施加很大的压力，同时会让家长和孩子的情绪变得急躁，对亲子关系影响很大。家长的急切映射出的是对孩子的不满意，这会让孩子对自己失去信心，对孩子提高情商是非常不利的，而且对孩子的学习和生活各方面都会产生负面影响。十年树木，百年树人。教育工作并非一朝一夕可以完成，尤其是情商教育，更是要在生活中不断经历才能不断学习，才会取得进步。所以，家长对孩子进行情商教育，不能操之过急。这里有几点建议供各位家长参考，希望对家长们有所帮助。

1.家长要有耐心

情商是对自己情绪的控制和管理能力。克制自己的急躁，耐心对待身边的人和事，这也是情商教育的重要组成部分。如果家长经常对孩子发脾气、表现得急躁，这种不良情绪对孩子也是非常大的影响，会给孩子一个不好的示范。作为一个高情商的家长，一定要有高情商的表现，首先要对孩子有耐心，这样也会让孩子在轻松愉快的氛围中进行学习。比如在面对孩子经常犯的错误面前，家长不要不容分辩就对孩子进行批评和否定，让孩子觉得自己很差劲。家长处理问题的方式对孩子有很大影响，孩子不知不觉中会模仿家长处理问题的方式。这样一来，家长非但没有提高孩子的情商，反而给孩子树立了反面榜样。所以，要想教育孩子，家长自己首先一定要有耐心。

2.家长要给孩子改正错误的机会

古语有云："人非圣贤，孰能无过。"孩子更是如此。每个人都在犯错中不断学习、积累经验，这样才能取得进步。家长在面对孩子的错误时，不要不问青红皂白便大发雷霆。家长要明白，孩子犯错是正常的，即使在同一个地方上跌倒两次也是情有可原。孩子犯错时，家长要引导孩子认识到错误并能够改正错误，让孩子在错误中学会总结经验、不断进步。这个过程不是一两天就可以完成的，家长不能操之过急。错误让人成长，家长要允许孩子犯错。其实，犯错并不是一件坏事，因为错误暴露出孩子情商中存在的问题，为家长的教育指明了方向。因此，家长要正确看待孩子的错误。

3.家长要做好打持久战的心理准备

情商涉及范围广、内容多，情商教育更是一场持久战。孩子在不同年龄、不同时期面临的问题不同，需要的情商智慧也不同。比如婴幼儿时期，要提高孩子的辨别能力、行动能力；儿童时期，需要孩子懂得文明礼貌，提高孩子的生活自理能力及简单的是非分辨能力；青少年时期，则需要对孩子的情绪控制和管理能力进行培养，教孩子学会坚强、认真等品质，为孩子未来的学习生活打下良好的基础。其他方面包括人际关系的培养，教孩子学会和不同的人的相处之道，包括与朋友、与家人、与同学相处，直到孩子长大成人与同事、与恋人相处等，都需要家长对孩子进行培养。因此，情商教育不是一个短期任务，而是一个非常艰巨的持久战，每一个环节都不可略去，也不能操之过急。所以，作为家长要有心理准备，用耐心、信心和正确的方式对孩子的情商进行培养，让孩子成为一个高情商的有用之人，在未来的社会竞争中能够游刃有余，轻松应对学习和生活。